NERTI

La clé pour une vie sans hyperréactivités et phobies

Le nettoyage émotionnel pour tous !

Ienke KEIJZER et Luc GEIGER

Première édition : mai 2014

ISBN : 987-2-9549164-0-8
Couverture : Tomas Joanson

Merci à la vie

Nous souhaitons qu'elle soit belle pour tous !

Remerciements

Nous tenons à remercier de tout cœur Catherine Villagordo pour son précieux aide de relecture, ainsi que Tomas Joanson pour la conception de la page de couverture.
Merci également à toutes les personnes qui ont témoigné de l'efficacité de NERTI et qui nous ont encouragés à poursuivre ce chemin.
Un grand merci finalement à tous ceux et toutes celles qui nous ont soutenus, de près ou de loin, dans ce travail de recherche et d'écriture et qui ont toujours cru dans ce projet.

Table des matières

Introduction

Qu'est-ce NERTI ?

Fini les excès de colère et les phobies d'araignées ou d'avions, fini les mains moites et les malaises en rentrant à l'hôpital, fini l'hyper-timidité ou la peur de parler en public. Fini aussi la dépression, l'insécurité que nous pouvons ressentir à des moments où nous en avons le moins besoin, fini la jalousie maladive et les crises d'angoisse. Avec NERTI, c'est fini avec toutes les hyperréactivités que nous pouvons avoir face aux évènements de la vie et qui nous gâchent la vie.

NERTI est une technique simple qui permet d'éliminer ces hyperréactivités en travaillant les mémoires traumatiques. L'idée derrière NERTI est que toutes les hyperréactivités sont liées à des traumatismes vécus dans notre toute petite enfance, voire dans notre vie intra-utérine. Il s'agit de traumatismes dont nous n'avons plus aucun souvenir, mais dont ils restent des traces dans notre mémoire émotionnelle. Dans certaines situations, des situations qui souvent n'ont rien de logique, cette mémoire est réveillée. Le réveil de cette mémoire traumatique réveille des souffrances en nous, ce qui fait que nous réagissons avec une hyperréactivité.

La technique NERTI consiste à nettoyer instantanément, totalement et définitivement les mémoires de ces traumatismes. En nettoyant les traces dans les sensations corporelles, NERTI recherche la libération des traumatismes et permet ainsi de restaurer une réactivité saine et naturelle face aux évènements de la vie. Nous ne réagirons plus à ce qu'une situation réveille de souffrance en nous, mais à une situation telle qu'elle est réellement.

NERTI peut être utilisé comme technique à part entière ou bien en coordination avec d'autres pratiques thérapeutiques dans un effet synergique pour accéder très rapidement et définitivement à un plus grand bien-être.

Il s'agit d'une technique synthétique ouverte au grand public … c'est une contribution à une vie meilleure pour tout le monde !

Ce livre a été écrit pour une double utilisation, d'abord pour tous ceux qui souhaitent faire de l'auto-NERTI pour se débarrasser de ses phobies et hyperréactivités que ce soit en auto-NERTI « à chaud » en situation d'hyperréactivité, ou bien en auto-NERTI « à froid » tranquillement chez vous en suivant la feuille de route.
Ensuite, pour les professionnels (psychologues, psychiatres, médecins, éducateurs, formateurs et enseignants, thérapeutes, professionnels du bien être, …) qui souhaitent appliquer la technique NERTI, « à chaud » ou « à froid » sur quelqu'un dans leur cabinet en outil à part entière ou en complément à leur technique.

NEW LIFE

OLD LIFE

L'historique de NERTI

La technique NERTI est une synthèse de plusieurs techniques thérapeutiques, et la suite d'une recherche d'un moyen pour nettoyer rapidement et définitivement toute trace de réactivité pathologique.
Pour mettre la technique en place, Luc Geiger s'est inspiré d'aspects de la méditation VIPASSANA, de la sophrologie caycédienne, du TIPI et de la méthode PRI, et il y a également des similitudes avec le Lying. Il ne s'agit ainsi pas d'une technique tout à fait nouvelle, mais de par notre façon de vous la présenter, d'une technique efficace que nous souhaitons mettre à disposition du grand public. C'est notre contribution à une vie meilleure pour tout le monde !

NERTI est issue d'un parcours de développement personnel dans lequel Luc GEIGER cherchait un moyen de gérer sa timidité. Malgré un important travail avec différentes techniques thérapeutiques, il y a certes eu un progrès dans son combat contre sa timidité, mais il restait toujours un malaise et quelque chose d'incompréhensible contre lequel il fallait se battre. Ce n'est qu'après une séance de ce qu'il a plus tard appelé NERTI que sa timidité a été complètement et définitivement vaincue.

La méditation Vipassana

La première influence qui a mené à la mise en place de NERTI est un stage de méditation Vipassana. Vipassana est présentée comme une des plus anciennes techniques de méditation de l'Inde et elle aurait été enseignée par le Bouddha GOTAMA il y a 2500 ans. Le but de cette méditation est de purifier l'esprit, d'éliminer les tensions physiques et la négativité mentale qui nous rendent malheureux.

C'est une forme de méditation très simple et très basique. Pendant le stage de 10 jours, les stagiaires n'ont rien d'autre à faire que d'observer leur respiration et les sensations liées à la respiration les trois premiers jours, et ensuite d'observer les sensations du corps pendant sept jours.

La méditation Vipassana incite à voir les choses telles qu'elles sont réellement, sans intervenir dans ce qui se passe dans le corps. On parle d'équanimité ou bien de regard équanime : observer sans avidité ni aversion ce que nous vivons au niveau des sensations corporelles. Sans chercher à changer les sensations, il s'agit d'accepter simplement ce qui est en train de se passer dans son corps, ce qui paraît facile, mais qui parfois peut être très pénible et douloureux.

Bien qu'il ait vécu le stage comme très difficile (et ennuyeux), par la suite Luc GEIGER a remarqué une grande différence quant à sa réactivité à la vie de tous les jours. Il avait à cette époque tendance à facilement piquer des crises de colère. Après le stage, il s'est rendu compte qu'il réagissait beaucoup moins fort face aux difficultés de la vie qu'il rencontrait. Ce changement a été particulièrement clair l'été suivant le stage. A cette époque, il organisait chaque été des spectacles pour un camp de vacances où souvent ses nerfs étaient mis à rude épreuve aussi bien par les artistes susceptibles que par les dirigeants qui avaient des préférences dont il fallait tenir compte. *« Mais l'été suivant mon stage en Vipassana, je ne me suis mis en colère qu'une ou deux fois en tout, et encore nettement moins intensément qu'avant.* » C'est à ce moment que Luc GEIGER a commencé à prendre conscience de la puissance thérapeutique qu'il pouvait y avoir dans le fait d'être conscient de ses propres sensations et de les laisser évoluer par elles-mêmes.

Ce qui a également été très étonnant après le stage, était la disparition des douleurs dorsales dont il souffrait à cause d'une vertèbre qui se déplaçait régulièrement. Avant cela, il avait mal au dos quasiment tout le temps, le moindre déplacement en voiture était un vrai supplice et une ou deux fois par an, il se retrouvait le dos complètement bloqué. Après ce stage Vipassana, le mal de dos a disparu et maintenant 15 ans plus tard, il ne revient que très rarement et très légèrement, et la vertèbre dorsale ne s'est plus jamais déplacée. Ces résultats ont été le début d'une recherche personnelle qui a abouti avec la mise en place de NERTI.

Un des inconvénients de la méditation Vipassana est que le « sur quoi » nous travaillons n'est pas connu, ce qui fait que nous ne pouvons pas viser une problématique en particulier. Les autres inconvénients sont que la durée et la difficulté du stage ne sont pas vraiment adaptées à une utilisation par le grand public.

La sophrologie Caycédienne

Ensuite, c'était la découverte de la sophrologie. La sophrologie d'Alfonso CAYCEDO est une synthèse de techniques orientales de bien-être qui permettent d'affiner la perception et la conscience du corps. Par la sophrologie, nous renforçons notre structure ce qui permet de stimuler l'autoréparation mentale et physique du corps.

Lors de sa formation, Luc GEIGER a remarqué que certains exercices pouvaient provoquer des réactions physiques désagréables accompagnées de fortes émotions et que les stagiaires, pendant ces moments émotionnels, prenaient souvent conscience d'un moment traumatisant dans leur vie. Suite à ces moments difficiles en exercice, les personnes se sentaient libérées d'une hyperréactivité dont ils souffraient et parfois de maux physiques. Il en a alors déduit que toute notre mémoire traumatique serait inscrite en sensations dans le corps.

Avec la sophrologie, il est possible de travailler sur un sujet problématique choisi, par contre, sa résolution peut être plus ou moins rapide en fonction des situations et des individus. En sophrologie, c'est l'autoréparation par le corps qui est stimulée et non pas forcément le nettoyage d'un problème précis. Nous demandons au corps de résoudre un problème, et bien que cela nettoie souvent le problème, parfois cela ne fait que compenser et fait en sorte que le corps ait juste suffisamment de force pour contrer le problème sans pour autant résoudre le fond du problème. C'était déjà un net progrès par rapport au Vipassana, mais ce n'était pas encore suffisant par rapport à l'objectif recherché : trouver un moyen de nettoyer rapidement et définitivement toute trace de réactivité pathologique.

La méthode PRI

La découverte suivante a été la méthode PRI - *Past Reality Integration* - d'Ingeborg BOSCH. Bosch explique que nous avons tous des blessures émotionnelles de base qui viennent de la répression de nos besoins émotionnels primaires, comme le fait d'être aimé, d'être apprécié, d'être reconnu etc. Par un mécanisme de survie, nous nions souvent nos émotions, nous ne leur faisons pas face et nous faisons comme si le problème n'existait pas, comme si nous n'avions pas mal. Notre besoin de base n'est alors pas assouvi, et un besoin dont nous ne nous occupons pas devient plus important. C'est comme la soif : quand nous avons soif mais que nous ne buvons pas pour assouvir cette soif, nous aurons encore plus soif et nous en souffrirons. Ce mécanisme de survie qui consiste à nier nos émotions laisse des traces qui rendent la vie plus difficile et douloureuse qu'elle ne devrait l'être. La méthode du PRI consiste à revisiter les événements traumatiques pour se permettre de vivre l'émotion qui a été contrôlée. Nous nous appuyons sur les sensations du corps pour libérer la tension, ce qui permet de laisser la mémoire traumatique s'évacuer.

L'inconvénient de cette méthode est qu'il s'agit d'une méthode assez complexe et pas facile à intégrer avec les autres approches thérapeutiques. Il y a très peu de formations en France car il n'y a qu'Ingeborg BOSCH qui forme.

TIPI

La grande révélation a été la découverte de TIPI - la Technique d'Identification sensorielle des Peurs Inconscientes - de Luc NICON, expert en pédagogie et communication comportementale. C'est certainement l'approche thérapeutique qui a le plus contribué à l'élaboration finale de NERTI par la précision synthétique de sa pratique que NERTI reprend pour une grande partie et par son apport théorique. TIPI a mis en lumière l'existence de traces somatiques sensorielles réactives encodées dans la petite enfance et souvent même dans la vie intra utérine. Ce sont ces traces qui, stimulées par l'environnement présent, provoquent des hyperréactions pathologiques.
Dans sa pratique de TIPI en cabinet, Luc GEIGER a remarqué que parfois certaines personnes n'avaient pas suffisamment d'énergie émotionnelle pour que leur corps accepte le nettoyage émotionnel. Le fait de renforcer la structure émotionnelle et mentale avec des exercices de sophrologie, permettait de dépasser cette difficulté.

Pour encore améliorer l'efficacité de TIPI, Luc GEIGER a intégré d'autres techniques thérapeutiques comme la PNL, l'EFT et les mouvements oculaires (EMDR et IMO), pour aider à renforcer le corps directement ou pour faciliter le lancement de la séance.

Le Lying

Luc GEIGER a par la suite découvert le Lying d'Arnaud et Denise DESJARDINS. C'est une méthode d'introspection et de libération émotionnelle qui a un certain nombre de points communs avec NERTI. Il s'agit d'observer les sensations liées à l'émotion, de laisser faire et de rester particulièrement attentif aux sensations physiques, une sorte de NERTI « à chaud », mais en association libre, sans structuration formelle.

Et finalement NERTI

L'objectif a été atteint : une technique qui nettoie instantanément, totalement et définitivement les hyperréactivités (dont les phobies) dont nous pouvons souffrir dans notre vie, est maintenant à portée de tout le monde. Luc GEIGER a appelé cette synthèse NERTI. Il s'agit d'une technique qui peut vous changer la vie et nous sommes fiers de la vous présenter dans ce livre.

La théorie de la thérapie intégrative

Tout influence tout !

Notre corps, notre cerveau et notre cœur fonctionnent dans un système cybernétique, ce qui veut dire que toutes les parties interagissent : si nous travaillons sur le mental, cela affectera également le corps et nos émotions et si nous travaillons sur le corps, cela affectera également notre mental. Si nous changeons nos pensées, cela change nos émotions, et si nous changeons d'émotions cela change aussi notre physiologie et nos pensées. Tout changement dans un secteur modifie la totalité de notre système.

Tous les chemins mènent à Rome, mais certains chemins sont plus adaptés pour certaines personnes et dans certaines situations, et d'autres chemins pour d'autres. Le but final est Rome quand-même ! De la même manière, il existe beaucoup de techniques thérapeutiques différentes qui utilisent toutes une ou plusieurs portes d'entrée pour résoudre un même problème. Au travers de ces portes d'entrée, chaque technique influence l'intégralité du système de l'être humain. Toutes ces techniques ont un impact, mais pour certaines personnes, une technique sera plus appropriée qu'une autre car la porte d'entrée de la personne sera plus adaptée à la technique proposée.

Différentes approches thérapeutiques pour gérer les émotions

Il y a alors différentes techniques thérapeutiques qui permettent de gérer les émotions que sont nos hyperréactivités et phobies. Nous pouvons distinguer trois types de portes d'entrées principales pour résoudre des problèmes émotionnels :

- le cerveau - le mental
- le cœur - l'émotionnel
- le corps - le physique

Portes d'entrée au cerveau

La porte d'entrée du cerveau, c'est la pensée. Les techniques qui travaillent surtout sur le niveau du mental, avec les pensées, les croyances et l'imagination sont principalement:

- l'Analyse Transactionnelle (AT)
- la Programmation Neuro Linguistique (PNL)
- l'hypnose Ericksonienne (l'hypnose thérapeutique)
- les Thérapies Cognitivo Comportementales (TCC) - la partie cognitive

Un des principes de ces thérapies consiste à démontrer avec des raisonnements et des contre-exemples que la peur ou la réaction émotionnelle n'a aucune raison d'être aussi puissante. Ce qui est souvent le cas quand nous sommes calmes, nous sommes alors bien d'accord que cette petite araignée n'est pas dangereuse et qu'il n'y a pas de raison logique d'avoir peur, mais quand arrive le déclencheur, quand nous sommes vraiment face à une araignée, la puissance de notre émotion déclenchée débranche littéralement la pensée et tout notre beau raisonnement disparaît avec lui.

Une autre approche, basée sur la pensée, est de se demander « pourquoi » on a ce problème, cette phobie. Mais en repassant dans le circuit neuronal du problème, cela a plutôt pour effet de renforcer le problème.

Portes d'entrée à l'émotionnel

Les techniques qui travaillent principalement sur l'émotionnel plus en général sont :

- la Communication Non Violente (CNV)
- la Gestalt Thérapie

Ces thérapies utilisent l'expression des émotions, et l'avantage par rapport à la pensée, c'est qu'elles libèrent la pression et soulagent sur le moment, ce qui donne ainsi un temps de répit et de repos souvent très appréciés par ceux qui les pratiquent.
Malheureusement, la source de l'hyperréactivité étant toujours présente, elle se redéclenche la plupart du temps aussi forte la fois suivante, ce qui est souvent perçu comme très décourageant.

Une autre voie thérapeutique qui utilise la porte d'entrée émotionnelle est celle du remodelage de la mémoire émotionnelle du cerveau limbique, le siège de nos émotions.
Il s'agit de thérapies comme :

- l'Eye Movement Desensitivation and Reprogramming (EMDR)
- l'Intégration par les Mouvements Oculaires (IMO)
- l'Emotional Freedom Therapy (EFT)
- le Tapas Acupressure Technique (TAT)

En général, ces techniques sont particulièrement efficaces sur des traumatismes connus, comme des accidents, des agressions ou des faits de guerres, où les personnes ont été en véritable danger de mort. Par contre, la plupart de nos hyperréactivités n'ont pas d'origine connue où nous avons véritablement été en danger de mort, ou au moins nous ne nous en souvenons vraiment pas. Quand le traumatisme initial est inconscient, ces techniques se révèlent peu efficaces.

Portes d'entrée au corps

Il est possible d'utiliser le corps en expression, en action ou en sensations.

Les techniques qui travaillent avec le corps en expression, sont par exemple :

- la Gestalt
- la danse thérapie

Ces thérapies apportent un soulagement manifeste, mais en général de courte durée.

Les théories qui utilisent le corps en action sont principalement :

- la partie comportementale de la Thérapie Cognitivo Comportementale (TCC)
- la posturologie

Ces thérapies permettent de progressivement faire baisser les symptômes et permettent souvent aux personnes de reprendre une vie quasiment normale dans de nombreux cas. Mais elles ont plusieurs inconvénients. D'abord, elles sont longues, puisque c'est un apprentissage progressif qui prend beaucoup de temps et d'énergie. Ensuite, il faut les réactiver très régulièrement, sinon la hyperréactivité regagne rapidement du terrain.

Enfin, la réactivité continuera à dépendre fortement de l'état de forme, du niveau de stress, du nombre d'heures de sommeil etc. Nous ne pourrons ainsi pas dire que nous sommes totalement et définitivement guéris.

Nous pourrons distinguer deux directions dans les approches qui utilisent le corps par les sensations : une approche de renforcement de la structure, et une approche de nettoyage.

Les approches thérapeutiques qui permettent de renforcer la structure sont par exemple :

- la sophrologie
- la cohérence cardiaque
- le *mindfulness* (la pleine conscience)
- le yoga, le taïchi, ...

Ces techniques doivent être pratiquées régulièrement et renforcent la puissance de gestion des émotions du pratiquant. Cette puissance s'oppose à la perturbation induite par l'hyperréactivité et permet de gagner progressivement en sérénité et souvent de reprendre une vie normale. L'inconvénient est que ces techniques nécessitent de nombreuses heures de pratique avant de produire des effets notables et pour garder ses effets bénéfiques, il faut qu'elles soient entretenues régulièrement.

Les techniques qui agissent sur les sensations corporelles pour éliminer (nettoyer) des mémoires traumatiques sont par exemple :

- le NERTI
- la méditation Vipassana
- la Past reality Integration (PRI) d'Ingeborg Bosch
- la Technique d'Intégration des Peurs Inconscientes (TIPI) de Luc NICON
- le Lying d'Arnaud et Denise Desjardins.

Ces techniques permettent de revisiter la mémoire traumatique au niveau des sensations physiques. Bien que le choc traumatique ait grillé les neurones de mémoire et que la mémoire neuronale du traumatisme n'existe plus, le corps se rappelle de certaines sensations survenues au moment du traumatisme. Ces sensations sont la plupart du temps associées à une sensation de mort, ce qui explique pourquoi ces sensations sont aussi violemment déclencheuses de nos hyperréactivités. Nous y revenons un peu plus loin.

Le travail de nettoyage consiste à modifier ces associations en faisant une nouvelle expérience. Le nettoyage émotionnel est efficace dès le premier passage et son effet est définitif !

Pour NERTI, ce sont surtout deux techniques au niveau du corps qui sont de grande importance : le nettoyage et le renforcement. Ces deux techniques sont synergiques et se renforcent l'une l'autre.
Les techniques corporelles sont en prise directe avec le cerveau reptilien, la partie la plus archaïque mais aussi la plus forte du cerveau de l'être humain, ce qui peut expliquer le fait que NERTI peut être d'une puissance et d'une efficacité souvent déroutante.

NERTI - pour quoi faire ?

Toute hyperréactivité, toute réaction disproportionnée, peu adaptée et exagérée à une situation, toute phobie, indique la présence d'une charge émotionnelle traumatique. Ce sont toutes ces réactions dont nous nous disons a posteriori : « Pourquoi j'ai réagi comme ça ? Ce n'était pas adapté à la situation, j'ai réagi trop fort ! » NERTI propose de nettoyer ces charges émotionnelles qui rendent la vie difficile ou désagréable.

Il est important de souligner qu'en cas de réactions disproportionnées, nous ne réagissons pas à la réalité telle qu'elle est, mais à ce que cette réalité réveille de souffrance en nous. Par exemple, dans le cas d'une phobie des araignées, nous n'avons pas de raison logique d'avoir peur d'une si petite bête. Nous ne parlons bien évidemment pas de grosses araignées venimeuses qui présentent un réel danger. Nous avons beau savoir qu'il n'y a strictement aucun danger, nous réagissons tout de même de façon disproportionnée et incontrôlable à la présence ou à la vue de cette si petite bête. Cette réaction disproportionnée nous indique qu'il s'agit de quelque chose de plus profond en nous. Cette petite bête inoffensive réveille en nous une mémoire d'un évènement traumatique inconscient.

Nous pensons souvent que notre hyperréactivité fait partie de nous, puisque nous avons toujours réagi ou fait comme ça. Le fait d'être de caractère irritable, timide, jaloux ou colérique, est souvent considéré comme faisant partie de notre personnalité, et nous pensons que nous devons vivre avec. Mais nous ne sommes pas notre hyperréactivité ! Il s'agit d'un traumatisme enfoui dans notre mémoire sensorielle, donc inconscient, et avec NERTI il n'y a plus aucune raison de « faire avec » ces réactions disproportionnées. Il est possible de redevenir ce que nous sommes vraiment au fond de nous. Il est possible de ne plus avoir peur de cette petite bête qui pour le moment nous fait sauter au plafond. Il est possible de redevenir notre vrai nous-même !

NERTI est alors indiqué pour traiter :

- Peurs, phobies, angoisses
- Attaques de panique
- Vertige
- Hyperréactivités
- Irritabilités, colères
- Hypersensibilité au stress
- Stress au travail
- Peur de parler en public
- Réactions disproportionnées variées
- Jalousie
- Timidité
- Dépression, déprime profonde
- Somatisations
- Sidérations, inhibitions
- … …. …

Quelles sont vos hyperréactivités ?

Pour vous préparer à faire de l'auto-NERTI, notez une dizaine de situations où vous réagissez un peu trop ou de façon bizarre, avec une hyperréactivité. Notez aussi toutes vos phobies. Notez tout comportement excessif qui peut trahir une charge émotionnelle.

Par exemple :

- je crie trop souvent sur mes enfants
- j'ai peur du noir
- je n'ose pas aller dans des lieux inconnus, isolés, éloignés
- j'explose facilement quand quelqu'un m'énerve et après je me rends bien compte que c'était exagéré
- j'ai le vertige
- je ressens de l'injustice forte quand je suis mis au pied du mur
- je n'ose pas dire non
- j'ai un problème de sommeil
- j'ai peur de m'exprimer en public
- j'ai souvent des explosions de colère
- j'ai des compulsions pour me gaver (nourriture)
- je fais exprès de faire mal à mon mari
- je perds patience quand au bout de deux explications la personne ne me comprend toujours pas
- je ne peux pas m'empêcher de ... même si je sais que c'est exagéré / que ce n'est pas OK
- je n'arrête pas de pleurer à la moindre petite chose
- je suis trop ... / j'agis trop ... / je fais trop peu ...

Mes hyperréactivités :

De quelles de vos hyperréactivités / phobies souhaitez-vous vous débarrasser?

1) ....

2) ....

3) ....

4) ....

5) ....

6) ....

7) ....

8) ....

9) ....

10) ....

La métaphore du gaz sous une casserole

Nous pouvons comprendre ce que fait la technique de NERTI en utilisant la métaphore du gaz sous une casserole, où le gaz serait la mémoire traumatique, le feu serait la charge émotionnelle et l'eau bouillante nos hyperréactivités.

Quand nous coupons le gaz sous la casserole, la flamme sous la casserole s'éteint et l'eau arrête de bouillir. De la même façon, quand nous coupons la mémoire traumatique, nous éteignons la charge émotionnelle, et nos hyperréactivités n'ont plus de raison d'être et disparaissent !

La source de l'hyperréactivité

En deux mots : un évènement codant est réveillé par un évènement déclencheur ou par des évènements généralisateurs qui mettent en marche un effet de généralisation.

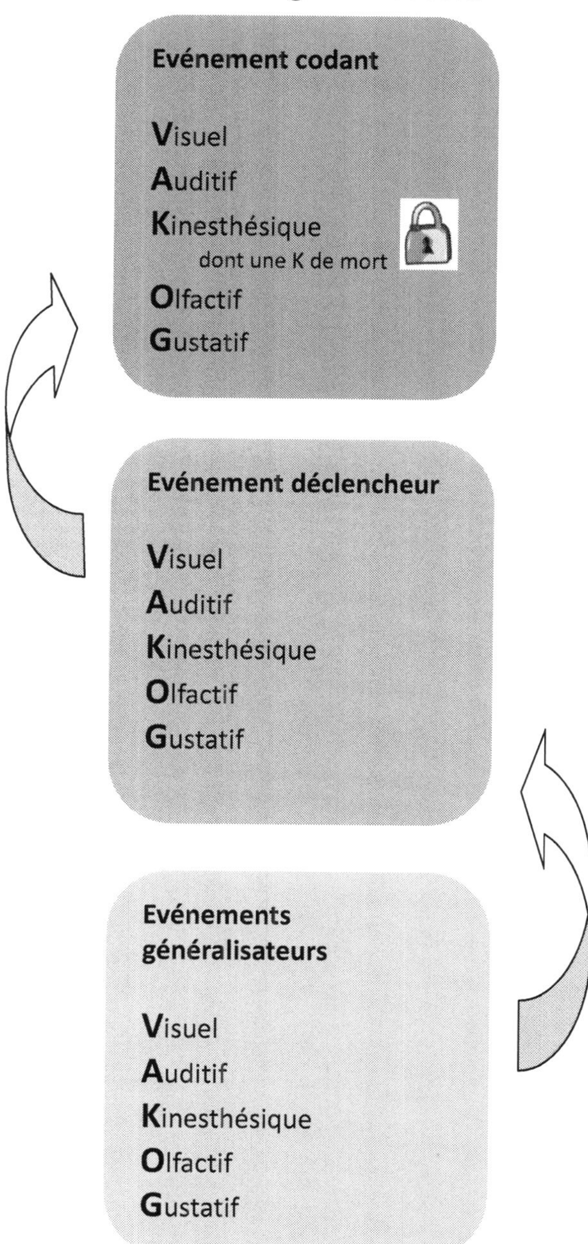

Evènement codant

NERTI part du principe que toute hyperréactivité est liée à un évènement traumatique que nous avons vécu au tout début de notre vie : intra-utérine, pendant l'accouchement ou dans notre petite enfance avant nos 4 ou 5 ans. Chaque personne vit ainsi un certain nombre d'évènements traumatiques – quelques dizaines – qui la plupart du temps sont totalement inconscients et impossibles à retracer. Ces traumatismes sont occultés par notre cerveau, c'est pour cela qu'ils sont inconscients. Pour pouvoir occulter ces traumatismes, le cerveau occulte toute la mémoire jusqu'à cette période-là. C'est certainement pour cette raison que nous n'avons pas ou très peu de souvenirs de notre petite enfance.

En général, il ne s'agit pas de traumatismes comme des accidents de voiture ou d'autres drames, et il est fréquent que l'entourage n'ait jamais remarqué le moindre événement dramatique. Il peut par exemple s'agir d'une très courte perte de connaissance (d'une ou quelques secondes) de l'enfant, par exemple quand il est couché sur le ventre avec le visage sur le matelas, qu'il tombe sur la tête en marchant, ou qu'il a la tête sous l'eau. Un enfant connaît à ces moments-là des sensations impressionnantes pour lui et … il pense mourir.

Au moment de cet évènement traumatique, le cerveau de l'enfant n'a pas encore la maturité suffisante pour relativiser ce qui se passe et il vit à ce moment des sensations fortes dont souvent une sensation de mourir. L'enfant ne comprend pas encore, comme les adultes, qu'il ne va pas vraiment mourir. Il vit tout au premier degré, en mode associé. Par exemple, si un enfant a faim, il peut penser qu'il va mourir de faim, et s'il voit disparaître sa maman au bout de la rue, il peut imaginer qu'il sera abandonné, ce qui peut être vécu dramatiquement comme une mort.
Nous pouvons considérer ces évènements comme des stress traumatisants et nous pourrions alors dire que nous sommes tous en quelque sorte en syndrome de stress post traumatique d'événements traumatiques qui nous sont inconscients.

A l'âge adulte, un syndrome de stress post traumatique peut également être généré lorsque des événements mettent l'adulte réellement en danger de mort : accident de voiture, faits de guerre, attentats, évènements climatiques catastrophiques, ...

Notre cerveau émotionnel (le cerveau limbique) garde la mémoire de ces évènements traumatiques sous forme de perceptions sensorielles qui sont **V**isuelles (images), **A**uditives (sons), **K**inesthésiques (sensations), **O**lfactives (odeurs) et/ou **G**ustatives (goûts). Ces perceptions sensorielles sont codées sous l'acronyme VAKOG de la PNL.

V	visuel	images
A	auditif	sons, bruits
K	kinesthésique	sensations corporelles
O	olfactif	odeurs
G	gustatif	goûts

La mémoire de l'évènement traumatique prend la forme d'une empreinte dans le corps en VAKOG et surtout en sensations kinesthésiques négatives. Le traumatisme devient codant quand une de ces sensations est une sensation de mourir (K de mort). Par exemple, s'il y a eu une perte de connaissance, ceci est souvent perçu comme sensation de mourir.

Cette empreinte résultant du traumatisme est appelée : **évènement codant / traumatisme codant** ou **empreinte traumatique**. La sensation de mourir y est associée à toutes les autres informations sensorielles vécues au même moment. C'est la sensation de mort qui forme le verrou pour le nettoyage émotionnel que nous recherchons en NERTI.

NERTI vise à libérer la charge émotionnelle d'un traumatisme codant, et principalement de la sensation de mort (K de mort) de ce traumatisme codant que nous pouvons considérer comme la clé de la libération.

Catharsis naturelle

La nature est bien faite. En général, notre corps libère naturellement et automatiquement la charge émotionnelle d'un traumatisme codant. Le souvenir traumatique est alors libéré de toute charge émotionnelle et enregistré avec une charge neutre. Ce processus naturel s'appelle la catharsis émotionnelle. Quand il nous arrive quelque chose de traumatique, si le cerveau fait bien son travail, il y a une catharsis émotionnelle et ... affaire classée.

Malheureusement, il arrive que pour de diverses raisons encore inconnues, ce phénomène naturel se retrouve bloqué et que la catharsis naturelle ne se fasse pas ou n'ait aucun effet. Le traumatisme codant garde alors sa charge émotionnelle. C'est cette charge émotionnelle enregistrée dans notre corps qui provoquera plus tard dans notre vie des hyperréactivités et qui nous fera réagir de façon inadéquate aux situations de la vie.

Dans le cas de phobies, d'attaques de panique, de stress aigus, d'irritabilité, de timidité maladive et bien d'autres manifestations, il y a bien des décharges émotionnelles de certaines sensations, mais ceci sans pour autant nettoyer la charge émotionnelle du traumatisme codant. Le codant reste actif malgré la catharsis qui n'a ici aucun effet thérapeutique. Le niveau de décharge atteint par les décharges émotionnelles n'est pas suffisamment profond.

Evènement déclencheur

Comme nous l'avons vu précédemment, la plupart des évènements traumatiques sont occultés de la mémoire consciente pour nous protéger et nous ne nous en souvenons pas. Mais il arrive que les évènements codants soient réveillés par certaines situations et deviennent alors réactifs.

Evénement déclencheur

Visuel
Auditif
Kinesthésique
Olfactif
Gustatif

Quand nous entendons, voyons ou sentons quelque chose qui ressemble en VAKOG à un élément encodé du traumatisme, le cerveau fait automatiquement un lien et ramène l'association "je vais mourir" de l'évènement codant et l'émotion qui va avec : la colère (l'attaque), la peur (la fuite) ou l'inhibition (nous y revenons plus loin). C'est comme appuyer sur un bouton alarme. Le cerveau pense que l'évènement traumatisant se répète et il déclenche alors une réaction émotionnelle d'alarme qui se réfère au traumatisme inconscient et non pas à ce qui se passe à ce moment-là, la situation actuelle.

Cette association par le cerveau étant automatisée, nous réagissons alors émotionnellement de façon récurrente chaque fois qu'un lien est fait entre le VAKOG vécu dans la situation actuelle et le VAKOG de l'évènement codant. Souvent, quand les réactions émotionnelles sont régulières, elles sont alors perçues comme des traits de personnalité très marqués. Par exemple, nous disons souvent « je suis jaloux » ou « je suis colérique, et j'ai toujours été comme ça » pour justifier notre comportement de jalousie ou de colère excessive.

La bonne nouvelle ?

La bonne nouvelle maintenant, c'est qu'il s'agit d'une réactivité pathologique et que notre hyperréactivité n'est pas notre personnalité et ne fait pas partie de notre nature. Avec la technique NERTI il est possible de s'en débarrasser !

Evènements généralisateurs

> **Evénements généralisateurs**
>
> **V**isuel
> **A**uditif
> **K**inesthésique
> **O**lfactif
> **G**ustatif

Au cours de notre vie, nous vivons des évènements qui ont des similitudes en VAKOG avec des évènements antérieurs. Comme nous l'avons vu, le cerveau associe automatiquement ce VAKOG actuel au VAKOG d'un traumatisme codant vécu dans la petite enfance. Mais ... il se peut aussi que le cerveau associe notre VAKOG actuel au VAKOG d'un évènement déclencheur vécu plus tard ! Un tel évènement s'appelle un évènement généralisateur.

Si l'émotion négative produite au moment de l'évènement généralisateur est suffisamment puissante, le VAKOG de l'évènement généralisateur peut déclencher la réaction émotionnelle de l'évènement codant ce qui fait que nous réagissons là aussi de façon disproportionnée à la situation présente. Ensuite, il peut se produire un effet de généralisation : des situations de plus en plus nombreuses vont devenir elles-mêmes des évènements généralisateurs et vont pouvoir déclencher l'émotion. Mais n'oubliez pas ... nous ne réagissons pas à la réalité telle qu'elle est mais à ce que cette réalité réveille de souffrance en nous ! Notre réactivité est un révélateur d'évènements traumatiques inconscients de notre passé d'enfant. Il n'existe a priori aucun lien logique entre l'évènement codant et l'évènement généralisateur. Le seul lien entre les évènements codants, déclencheurs et généralisateurs, est une similitude sensorielle qu'elle soit visuelle, auditive, kinesthésique, olfactive ou gustative (VAKOG). Même 15 ans de psychanalyse ne pourraient expliquer certains traumatismes qui peuvent pourtant bien gâcher notre vie.

La théorie illustrée

Après avoir vu la théorie, nous vous donnons maintenant un exemple d'un enfant qui a la phobie de la nuit.

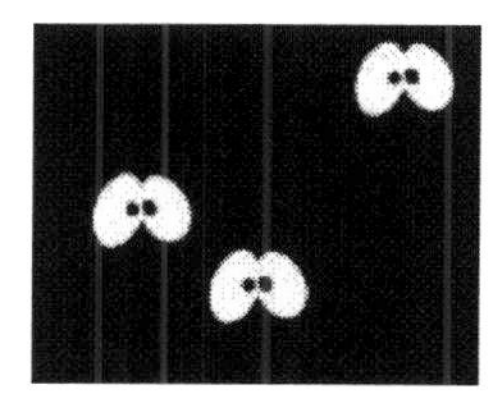

Evènement codant :

Tout petit, un bébé s'étouffe dans son oreiller et a des perceptions sensorielles en VAKOG, notamment un voile noir qui descend sur ses yeux (V).

Evènement déclencheur :

Ensuite, quelques années plus tard, un jour où il est particulièrement fatigué, sensible ou émotionnellement fragilisé par sa journée, quand l'enfant se couche le soir, son cerveau fait un lien entre ce qu'il voit (la nuit qui tombe) et ce qu'il a vu au moment de l'évènement codant (le voile noir qui descendait sur ses yeux). Le corps déclenche une réaction forte parce que l'association avec l'évènement codant fait penser inconsciemment que l'évènement codant traumatique est en train de se reproduire et qu'il y a danger de mort. Il est alors normal à ce moment-là de réagir de façon disproportionnée par rapport à la réalité présente. A ce moment-là, il se peut que l'enfant associe à cette émotion intense toutes les perceptions sensorielles présentes, comme le goût du dentifrice dans sa bouche (G), le contact du tissu de ses draps (K), et le son de ses parents qui discutent au loin (A) - le VAKOG de l'évènement déclencheur.

Evènement généralisateur :

Plus tard encore, quand l'enfant se brosse les dents, le goût du dentifrice peut éveiller l'évènement déclencheur, qui à son tour déclenche l'évènement codant, avec comme résultat à nouveau une réaction forte (l'angoisse). Il fait une association entre le brossage de dents et le fait de ressentir de la peur et il se peut qu'ensuite l'enfant refuse violemment de se brosser les dents ... une nouvelle hyperréactivité est née.

Bébé s'étouffe dans son oreiller

V : couleur de l'oreiller, voile noir qui descend sur ses yeux

A : musique

K : texture de l'oreiller, n'arrive pas à respirer, mal aux poumons, le cœur accélère, la sensation de perte de connaissance (K de mort), reprise d'air

O: odeur de la lessive

G : goût du lait qu'il a bu avant de se coucher

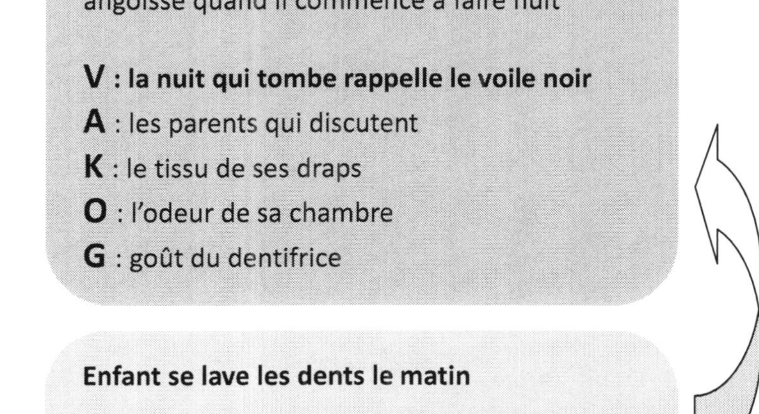

Enfant se couche le soir et déclenche une angoisse quand il commence à faire nuit

V : la nuit qui tombe rappelle le voile noir

A : les parents qui discutent

K : le tissu de ses draps

O : l'odeur de sa chambre

G : goût du dentifrice

Enfant se lave les dents le matin

V : salle de bain

A : bruit de la radio dans la cuisine

K : brosse à dents dans la bouche

O : odeur du dentifrice

G : le goût du dentifrice

Réactions suite à un évènement traumatique

Dans le cas où un seul évènement traumatique inconscient est réveillé dans une situation actuelle, il y a deux possibilités de réaction : la fuite ou l'attaque. *Fight or flight* en anglais.

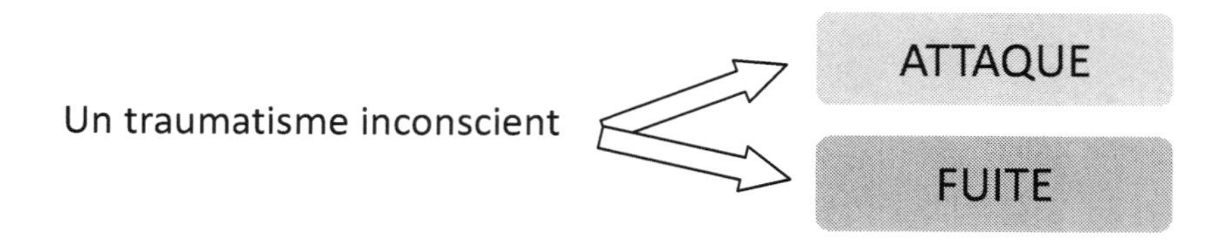

Si dans certaines situations nous réagissons en sidération, c'est un signe qu'il y a au moins deux traumatismes inconscients qui sont réveillés par le même évènement. Dans ce cas, nous réagissons par une inhibition parce qu'il est impossible de fuir et d'attaquer en même temps, ou d'attaquer ou de fuir dans deux directions différentes. Dans ce cas, il faut faire au moins 2 passages NERTI pour nettoyer les 2 évènements traumatiques.

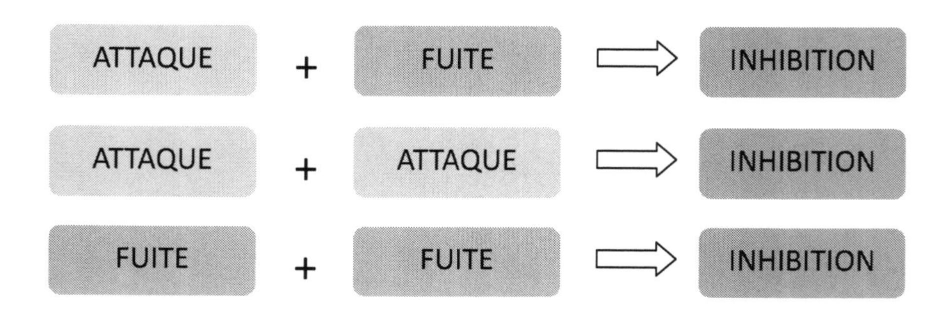

D’une pierre, deux coups

De différentes phobies, hyperréactivités ou peurs irraisonnées peuvent avoir comme origine une seule racine, à savoir un seul évènement codant. Par exemple, la jalousie et la peur des hôpitaux n’ont a priori rien à voir entre elles, mais il se peut que ces hyperréactivités soient déclenchées par un même évènement codant. La jalousie peut par exemple être déclenchée par la similitude visuelle avec l’évènement codant alors que la peur des hôpitaux peut être déclenchée par une similitude olfactive avec le même évènement codant. Dans ce cas, en travaillant par exemple sur la jalousie avec NERTI, le nettoyage émotionnel va aussi nettoyer l’hyperréactivité de la peur des hôpitaux. En déchargeant l’évènement codant, tous les événements déclencheurs et généralisateurs apparus ultérieurement seront nettoyés. D’une pierre deux coups ! Nous pouvons ainsi être débarrassés de plusieurs hyperréactivités en une seule séance de NERTI. Soyez attentif à ces bénéfices secondaires !

Si par contre les différentes hyperréactivités dépendent de racines différentes, il faut une séance NERTI pour se débarrasser de chacune de ces racines.

Les trois étages du cerveau

Pour faire du NERTI, il est vraiment TRES IMPORTANT de bien distinguer les trois différents niveaux de traitement de l'information vécue. Les trois niveaux correspondant aux trois étages de notre cerveau : les pensées, les émotions et les sensations.

Les pensées

Le niveau des pensées explique le vécu en analysant, en trouvant des causes, en faisant des rapprochements avec d'autres vécus. Ce niveau correspond à notre cerveau supérieur, le cortex cérébral.

PENSEES	je sais que j'ai vécu un trauma, donc je sais que j'ai mal

Les émotions

Le niveau des émotions donne la couleur émotionnelle de ce vécu : si nous apprécions, si nous détestons, si nous avons peur, si ça nous énerve, etc. Ce niveau correspond à la partie moyenne et émotionnelle de notre cerveau, le cerveau limbique.

EMOTIONS	j'ai peur, je suis en colère, je suis triste

Les sensations

Le niveau des sensations sont toutes les manifestations physiques perçues par notre corps pendant ce vécu, si nous avons mal au ventre, la gorge serrée, chaud ou froid, etc. Ce niveau correspond à la partie primaire de notre cerveau, le cerveau reptilien.

SENSATIONS	je sens une pique sur le côté, ça me gratte, j'ai chaud

NERTI et les sensations

Notre mémoire traumatique est codée sous forme de différentes sensations dans notre cerveau reptilien. Le nettoyage émotionnel ne peut se faire qu'en restant dans les perceptions sensorielles : les sensations dans notre corps. Par conséquent, nous travaillons en NERTI uniquement sur ce qui se passe dans le corps au niveau des sensations.

Pendant le nettoyage émotionnel que propose NERTI, il est important de toujours vérifier à quel niveau la personne se situe, si elle se situe au niveau des pensées, des émotions ou des sensations. Si elle monte à l'étage des pensées ou des émotions, il faut impérativement la ramener au niveau de ses sensations par un questionnement approprié. Par exemple, si le sujet dit qu'il ressent de la peur (l'étage des émotions), ou commence à nous donner des explications ou des analyses (l'étage des pensées), nous lui demandons « où » dans son corps il ressent cette peur et « comment » il la ressent dans son corps.

La question la plus importante et la plus utilisée en NERTI est :

« QU'EST-CE QUI SE PASSE DANS VOTRE CORPS ? »

Si nous restons au niveau des émotions sans ramener la personne au niveau de ses sensations, il est possible d'ancrer et d'aggraver le problème par l'effet généralisateur. La plupart du temps par contre, cela n'aura pour seul inconvénient que d'allonger et de rendre plus pénible la séance. A chaque fois que nous montons à l'étage des émotions ou des pensées le processus de nettoyage de NERTI est stoppé, et nous restons confrontés à nos émotions sans effet thérapeutique.

Prenez les rênes

Si vous travaillez NERTI avec une personne qui est très « dans sa tête », dans l'analyse et ses pensées, il est important que vous preniez les rênes et que vous soyez directif. Insistez pour garder cette personne dans ses sensations et évitez qu'elle vous raconte des histoires. Il ne faut pas lui en vouloir, c'est un moyen d'auto-défense et c'est ce qui lui a permis de supporter et de gérer la charge émotionnelle jusque-là. Pour ne pas être confronté à cette charge émotionnelle, et pour s'en éloigner, le sujet a (inconsciemment) mis en place un mécanisme de contrôle basé sur la pensée. C'est ce mécanisme qui empêche le mécanisme naturel du nettoyage émotionnel (la catharsis). Grâce à NERTI vous pouvez contrebalancer cet automatisme en insistant pour rester à l'étage des sensations.

La question à poser à tout moment est :

« QU'EST-CE QUI SE PASSE DANS VOTRE CORPS ? »

Nous sommes peut-être un peu lourds et insistants sur cette question, mais c'est tellement important ... la réussite, la rapidité et le confort de votre séance NERTI en dépendent !
C'est la clé de la porte vers une vie meilleure.

Petit glossaire des sensations

> **ATTENTION**
> **la perte de sensations**
> **EST**
> **une sensation !**

En NERTI, le but est de se concentrer sur les sensations, sur ce qui se passe dans le corps. Il s'agit des sensations que nous ressentons dans **le moment présent** de la séance et non pas des sensations vécues pendant le traumatisme codant.

La liste suivante peut vous donner un exemple des sensations que nous pouvons avoir pendant NERTI et elle est loin d'exhaustive.

ça gratte
ça pique
je sens une pointe
ça tire
ça tire vers l'intérieur, vers l'extérieur, ...
j'ai des frissons
je ressens un vide
des bâillements
j'ai mal à la tête
une crampe
j'ai des jambes en coton
ça bouillonne
des mains moites
fourmillements sur le dessus de ma tête
des remontées d'air
le hoquet
le nez me pique
mon orteil droit bat
j'ai envie de vomir
battements dans les doigts
je sens une pression
j'ai mal à la gorge
j'ai du mal à respirer
une membre engourdi
des tensions
des tremblements
ça brûle
une courbature
des yeux qui piquent
ça pousse
ça remonte
ça se déplace
mes mains sont engourdies
des larmes qui coulent
j'ai chaud ou froid
je transpire
des fourmis
je ne sens plus mon bras
mon cœur bat vite
mes oreilles bourdonnent
ça me tire dans le ventre
... ...

Sensations vagues

Si vous n'arrivez pas à préciser ce que vous ressentez dans votre corps, ce n'est pas grave. L'important est de rester concentré sur ce qui se passe dans le corps, vous pouvez décrire les sensations en termes vagues, sans précisions : « Je sens une sensation bizarre dans mon ventre », « Je ne sais pas trop ce que c'est, mais il y a un truc dans ma gorge ». Mieux vaut ne pas essayer d'expliquer pour éviter de partir dans le mental. Et si vous accompagnez quelqu'un, dès qu'il dit : « Je sens quelque chose dans mon ventre, mais je ne sais pas ce que c'est », dites-lui que nous n'avons pas besoin de savoir ce que c'est. L'important est qu'elle reste concentrée sur ses sensations.
N'oubliez pas que nous sommes dans un revécu enfantin d'un évènement qui a eu lieu à un moment où le langage verbal n'était pas (bien) maîtrisé. Ce n'est alors pas étonnant que nous ne trouvions pas toujours les mots justes. Même si nous revivons la mémoire traumatique avec notre cerveau d'adulte, le cerveau est connecté à notre mémoire enfantine et ceci peut faire que nous perdions un peu nos moyens.

Sensations litigieuses

Il y a quelques expressions qui sont litigieuses : ce n'est pas très clair s'il s'agit de sensations ou de pensées. Vérifiez qu'il s'agisse bien de sensations, ou faites décrire ces sensations. Par exemple, si la personne que vous accompagnez dit sentir une boule au ventre, demandez-lui où exactement cette boule se trouve et ce qu'elle fait, si elle tire, si elle déchire, etc.

- j'ai très envie de dormir / je suis très fatigué
- je sens une boule au ventre
- j'ai envie de vomir
- je sens un blocage au niveau de ma gorge
- j'ai faim / soif

Toute sensation compte

Toute sensation ressentie au moment de NERTI doit être prise en compte. Si par exemple dans la vie de tous les jours nous souffrons de maux de tête et que nous ressentons ce mal de tête pendant la séance NERTI, cette sensation fait partie du traumatisme encodant. Si le mal de tête ne fait pas partie du traumatisme inconscient, il ne se manifeste pas pendant NERTI. C'est comme un acteur qui a mal au dos et qui ne ressent plus la douleur quand il joue son personnage une fois qu'il est sur scène et qu'il a incarné son rôle. N'hésitez pas à informer votre sujet de ce point important avant la séance.

La sensation de ne rien sentir

Il peut arriver que vous ayez l'impression que vous ne sentez plus rien ou bien que la personne avec qui vous faites NERTI vous dise qu'il ne sent plus rien. Attention, cela peut vouloir dire deux choses :

soit il ne se passe effectivement plus rien dans le corps et les sensations sont parties

soit le corps ou une partie du corps est devenu insensible, ce qui est une sensation qui fait partie de la technique

Vérifiez s'il s'agit d'une sensation et demandez si la personne sent encore son corps. Vous pouvez aussi demander si la personne perçoit son corps comme éloigné, cotonneux, flottant, car ce sont également des pertes de sensations.

La perte de sensation est souvent ce qui verrouille la charge émotionnelle et la revivre est alors très probablement la clé de la réussite d'une séance.

Sensations fortes

Pendant NERTI, il y a parfois des sensations presque insignifiantes, et parfois au contraire des sensations très douloureuses. N'ayez pas peur quand vous accompagnez quelqu'un qui ressent des sensations très fortes, voire douloureuses. Même si les sensations sont très intenses ou puissantes, rassurez la personne que c'est simplement du revécu, de la mémoire. C'est comme un film en sensations dont la fin est heureuse. Il peut y avoir du suspens au cours du film, mais le sujet est le héros qui va forcément s'en sortir à la fin. Et vous pouvez être sûr qu'il va s'en sortir puisqu'il s'en est déjà sortie une fois ... sinon il ne serait plus là pour en parler ! Le revécu est une mémoire kinesthésique qui se déroule.

Les sensations revécues, contrairement aux émotions, sont toujours supportables, même si c'est parfois très douloureux. Et même si elles sont très intenses, elles sont moins insupportables que les émotions peuvent l'être. Les sensations douloureuses sont un message du corps, qui correspond à la mémoire de ce qui a été vécu lors de l'évènement traumatique. Les sensations ont alors objectivement une limite. Comme c'est de la mémoire, son intensité ne peut pas aller au-delà du niveau supportable par le cerveau. Les émotions par contre sont plus subjectives. Elles débranchent le cerveau supérieur, elles peuvent nous submerger et provoquer une souffrance au-delà du supportable. Dans le traitement de la douleur, le corps médical distingue aussi souvent souffrance et douleur. La douleur est le message du corps lésé et la souffrance est la composante émotionnelle. Les analgésiques calment la douleur tandis que les anxiolytiques calment la souffrance.

Si la personne avec qui vous faites NERTI ressent de fortes sensations douloureuses, elle a besoin de sentir un point fort, un point d'appui à côté d'elle. Elle peut avoir l'impression de passer au travers d'un ouragan. Notre confiance en tant qu'accompagnant fait un point d'attache stable pour la personne et l'aide à traverser ce qu'elle a à traverser. Dites-lui que tout va bien, que ce qui se passe est normal et rassurez-la.

Les pensées

Des phrases qui peuvent nous passer par la tête pendant NERTI, et qu'il faut absolument laisser derrière nous, sont par exemple :

- Je ne vais pas y arriver.
- Je dois me détendre.
- Je suis bête d'avoir ce genre de pensées.
- Et qu'est-ce qui se passe si je n'arrive pas à laisser faire ? Je ne sais pas comment faire !
- Je me sens ridicule à faire ça.
- Est-ce que le thérapeute va vraiment y arriver ?
- Je sais bien que c'est dans ma tête, ça marcherait vraiment cette technique ?
- Allez, boule dans mon ventre, avance, fait quelque chose, évolue, deviens plus forte ou disparais ...
- J'en ai marre de cette phobie, je ferais tout pour y arriver.
- Il y a un truc qui ne va pas.
- C'est trop bizarre tout ça.
- ... ...

Dès que ces phrases vous passent par la tête, reconnecterez-vous à ce qui se passe dans votre corps, à vos sensations.

Sensation, pensée, émotion ou litigieux?

Pour être sûr que vous ayez bien compris la différence entre les niveaux des pensées, des sensations et des émotions, et pour que vous soyez prêt à bien faire NERTI et/ou à bien accompagner une personne pendant une séance et pour vous assurez que vous le gardiez bien à l'étage de ses sensations, voici un petit exercice.

Choisissez si l'énoncé est une sensation, une émotion, une pensée ou si c'est litigieux. Attention, parfois il y a une partie de l'énoncé qui est par exemple une sensation, tandis qu'une autre partie est une pensée. Faites bien la différence !

Enoncé	**sensation**	**émotion**	**pensée**	**litigieux**
1) J'ai mal à la tête au niveau de mon front				
2) J'ai la tête qui tourne comme un tourbillon				
3) J'ai une crampe dans ma cheville gauche				
4) Ça gratte sur ma tête				
5) J'ai mal au ventre mais ça doit être parce que je vais avoir mes règles				
6) Je me sens toute ouaté				
7) J'ai une boule au ventre				
8) C'est tout houleux dans mon ventre				
9) Je n'arrive plus à respirer				
10) Je me sens tout triste				

11) Je ne sens plus ma main droite				
12) Ça m'écrase les tempes				
13) C'est bizarre j'ai une petite pique dans ma poitrine. Ah elle est déjà partie				
14) Je ne comprends pas pourquoi il y ce truc bizarre dans mon oreille				
15) Je sens un truc bizarre dans mon oreille				
16) Désolée, je ne peux pas m'empêcher de bailler				
17) J'ai très peur				
18) J'ai l'impression de partir dans un trou noir, d'être aspiré(e) vers le bas				
19) Oh aïe, j'ai mal aux dents tout à coup				
20) Je ne pense pas que ça fait partie de NERTI mais je commence à sentir une crampe dans ma cuisse droite				
21) J'ai la gorge bloquée				
22) Je ne sens plus rien				
23) Ca me tire la tête en arrière				
24) Ma tête tourne très lentement autour de son axe				
25) Je sens un truc qui veut monter dans ma gorge mais qui n'arrive pas				

Les réponses

Les parties de phrases qui correspondent à l'énoncé d'une sensation sont mises en *italiques*, les émotions en souligné, les pensées en **gras** et ce qui est litigieux en souligné double.

Enoncé	sensation	émotion	pensée	litigieux
1) J'ai *mal à la tête au niveau de mon front*	√			
2) J'ai *la tête qui tourne* **comme un tourbillon**	√		√	
3) J'ai *une crampe dans ma cheville gauche*	√			
4) Ça *me gratte la tête*	√			
5) J'ai *mal au ventre* mais **ça doit être parce que je vais avoir mes règles**	√		√	
6) Je me sens tout ouaté				√
7) J'ai une boule au ventre				√
8) C'est tout houleux dans mon ventre				√
9) Je *n'arrive plus à respirer*	√			
10) Je me sens tout triste		√		
11) Je *ne sens plus ma main droite*	√			
12) Ça *m'écrase les tempes*	√			
13) **C'est bizarre** j'ai *une petite pique dans ma poitrine*. Ah	√		√	

elle est déjà partie				
14) **Je ne comprends pas pourquoi** il y *ce truc bizarre dans mon oreille*	√		√	
15) Je sens *un truc bizarre dans mon oreille*	√			
16) **Désolée, je ne peux pas m'empêcher de** *bailler*	√		√	
17) J'ai très peur		√		
18) **J'ai l'impression de partir dans un trou noir**, *d'être aspiré(e) vers le bas*	√		√	
19) Oh aïe, j'ai *mal aux dents* tout à coup	√			
20) **Je ne pense pas que ça fait partie de NERTI mais** je commence à sentir *une crampe dans ma cuisse droite*	√		√	
21) J'ai *la gorge* bloquée	√			√
22) Je ne sens plus rien				√
23) Ca *me tire la tête en arrière*	√			
24) Ma *tête tourne très lentement autour de son axe*	√			
25) Je sens *un truc qui veut monter dans ma gorge* **mais qui n'arrive pas**	√		√	

Accompagner une séance NERTI

Encore un exercice pour bien vous entraîner à garder la personne que vous accompagnez au niveau de ses sensations. Réagissez aux phrases suivantes comme vous devriez le faire en accompagnant quelqu'un.

Exemple :
Client : « J'ai mal au ventre » Praticien : « Très bien, laissez faire »

1) C : Ça me lance dans le dos.
   P : ....
2) C : J'ai une boule au ventre.
   P : ....
3) C : J'ai peur.
   P : ....
4) C : Je ne sens plus mon corps.
   P : ....
5) C : Je ne sens plus rien.
   P : ....
6) C : Ah, ça me gratte sur la tête !
   P : ....
7) C : Je n'arrive pas à respirer
   P : ....
8) C : Oh, c'est bizarre, j'ai l'impression d'être la tête en bas.
   P : ....
9) C : Je n'y arrive pas.
   P : ....
10) C : J'ai des fourmis
   P : ....
11) C : J'ai une douleur dans la tête qui se déplace.
   P : ....
12) C : Je suis fatigué.
   P : ....

13) C : Je vois des images qui passent, pas très agréables.

P : ....

14) C : Oh ça fait trop mal, je n'en peux plus.

P : ....

15) C : Ça m'énerve.

P : ....

16) C : Je me sens très triste.

P : ....

17) C : Ça n'évolue pas, ça reste pareil.

P : ....

18) C : Je n'ose pas laisser faire.

P : ....

19) C : J'ai envie de vomir.

P : ....

20) C : J'ai mal au dos, mais ça je l'ai tout le temps.

P : ....

21) C : J'ai mal au ventre, mais je vais avoir mes règles, donc ça ne fait pas partie de NERTI, non ?

P : ....

22) C : Je sens ma jambe qui se contracte.

P : ....

23) C : J'ai encore une petite douleur dans ma tête mais ça n'évolue pas.

P : ....

24) C : Je sens encore des petites fourmis mais ça n'évolue pas et ça reste pareil. - *Et est-ce qu'il y a autre chose qui se passe dans ton corps à laquelle tu ne prêtes pas attention ?* Oui, j'ai mal au dos, mais je l'avais déjà avant d'arriver.

P : ....

25) C : J'ai mal au genou mais c'est parce que j'ai eu un accident.

P : ....

Des réponses que vous pourriez donner à la personne que vous accompagnez :

1) C : Ça me lance dans le dos.
   P : C'est désagréable mais laissez faire.
2) C : J'ai une boule au ventre.
   P : Comment vous la sentez cette boule ? Où vous la sentez, à quel endroit dans votre corps?
3) C : J'ai peur.
   P : Comment vous le sentez dans votre corps et à quel endroit vous la sentez cette peur ? Qu'est-ce qu'elle fait comme sensation dans votre corps ?
4) C : Je ne sens plus mon corps.
   P : Laissez faire, ça fait partie de l'expérience. Concentrez-vous dessus et voyez ce qui se passe.
5) C : Je ne sens plus rien.
   P : Est-ce que votre corps est normalement présent ou est-ce que vous avez une perte de sensation ?
6) C : Ah, ça me gratte sur la tête !
   P : Laissez faire et surtout ne vous grattez pas.
7) C : Je n'arrive pas à respirer.
   P : Laissez faire, ce n'est pas grave, ce n'est que de la mémoire.
8) C : Oh, c'est bizarre, j'ai l'impression d'être la tête en bas.
   P : Laissez faire, c'est bien, accueillez cette sensation.
9) C : Je n'y arrive pas.
   P : Comment vous le sentez dans votre corps. Qu'est-ce que vous sentez dans votre corps ?
10) C : J'ai des fourmis.
    P : Laissez les faire et continuez à me décrire tout ce qui change dans votre corps.
11) C : J'ai une douleur dans la tête qui se déplace.

P : C'est parfait, laissez faire et tenez moi au courant de ce qui se passe.

12) C : Je suis fatigué(e).

P : Comment vous le sentez dans votre corps ?

13) C : Je vois des images qui passent, pas très agréables.

P : Laissez les passer sans y prêter attention et dites-moi qu'est-ce qui se passe dans votre corps ?

14) C : Oh ça fait trop mal, je n'en peux plus.

P : Très bien, laissez faire. Restez en observation comme si ce n'était pas votre corps, comme si vous étiez un observateur neutre de votre corps.

15) C : Ça m'énerve.

P : A quel endroit elle est cette colère et comment vous la sentez ?

16) C : Je me sens très triste.

P : Laissez faire. Vous avez le droit de vous abandonner à cette tristesse. Comment cette tristesse se manifeste dans votre corps ?

17) C : Ça n'évolue pas, ça reste pareil.

P : Et si vous laissiez faire comment ça évoluerait ? Qu'est-ce qui risquerait de se passer dans votre corps ?

18) C : Je n'ose pas laisser faire.

P : Ne vous en faites pas, ce n'est que de la mémoire, donc laissez faire quand-même. C'est comme un film qui déjà a été tourné, vous vous en es déjà sorti la première fois, donc vous vous en sortirez forcément aussi maintenant. Peut-être qu'il y a du suspense mais le héros c'est vous et le héros s'en sort toujours.

19) C : J'ai envie de vomir.

P : Laissez faire. J'ai mis la poubelle à côté de vous. Mais ne vous en faites pas vous n'en aurez pas besoin.

20) C : J'ai mal au dos, mais ça je l'ai tout le temps.

P : Laissez le faire, si vous le sentez c'est qu'il fait partie du travail qu'on a à faire aujourd'hui.

21) J'ai mal au ventre, mais je vais avoir mes règles, donc ça ne fait pas partie de NERTI, non ?

    P : Si si, si vous le sentez, c'est que ça fait partie de la charge émotionnelle qu'on est en train de nettoyer.

22) Je sens ma jambe qui se contracte.

    P : Laissez la faire et observez comment ça évolue. Tenez-moi au courant de ce qui se passe.

23) J'ai encore une petite douleur dans ma tête mais ça n'évolue pas.

    P : Et si vous la laissiez faire, est-ce qu'elle peut empirer ?

24) Je sens encore des petites fourmis mais ça n'évolue pas et ça reste pareil. - *Et est-ce qu'il y a autre chose qui se passe dans votre corps à laquelle vous ne prêtez pas attention ?* Oui, j'ai mal au dos, mais je l'avais déjà avant d'arriver.

    P : C'est très bien, ça fait partie de l'expérience du nettoyage, donc concentrez-vous sur cette douleur dans votre dos et laissez-la évoluer.

25) J'ai mal au genou mais c'est parce que j'ai eu un accident.

    P : Accueillez la douleur dans votre genou. Tant que vous la sentez c'est qu'elle fait partie de la charge émotionnelle qu'on est en train de nettoyer.

Séance NERTI - revivre en sensations une expérience traumatique

NERTI libère de manière naturelle la mémoire traumatique inconsciente imprimée dans le corps. Nous revivons en sensations l'expérience traumatique que nous avons vécue quand nous étions très petits, voire pas encore nés, mais cette fois-ci avec le cerveau d'adulte. Nous changeons en quelque sorte l'expérience vécue pour effacer la charge émotionnelle du traumatisme.

En revivant l'évènement traumatisant en sensations, nous faisons une nouvelle expérience et enlevons la charge émotionnelle. Le cerveau « recode » l'expérience, cette fois-ci sans émotions.
Nous pouvons comparer l'idée du nettoyage avec celle du train fantôme par exemple. La première fois que nous montons dans un train fantôme, nous avons peur et il y a beaucoup de sensations. Si quelqu'un nous fait voir l'envers du décor avec les mécanismes et les trucages, nous aurons beaucoup moins peur quand nous repasserons dans le même train fantôme. Probablement même nous rirons de la situation et de la peur que nous avons éprouvée les fois précédentes. De la même manière le revécu induit par la séance de NERTI dédramatise l'évènement traumatique.

Durée d'une séance de NERTI

La libération d'une charge émotionnelle est souvent très rapide, et le plus souvent une seule séance suffit pour se débarrasser d'une hyperréactivité ou d'une phobie. Le nettoyage en lui-même dure entre quelques secondes et quelques minutes. Par contre, quand le processus naturel est entravé par la remontée dans les pensées ou les émotions, la séance peut durer un peu ou même beaucoup plus longtemps. Une autre entrave peut être quand le sujet en voulant bien faire essaie d'intervenir sur le processus de nettoyage. Il faut vraiment être simplement observateur et non acteur.

NERTI à tout âge ?

Adultes

Souvent toute notre personnalité s'est construite autour de ce traumatisme vécu dans notre petite enfance voire dans notre vie intra-utérine. Après le nettoyage, notre cerveau a besoin de ré-agencer nos expériences de vie, cette fois-ci sans la charge émotionnelle traumatique. C'est un peu comme la défragmentation d'un disque dur. Il est alors conseillé d'enlever qu'un seul traumatisme à la fois chez un adulte et de laisser le cerveau se réorganiser pendant plusieurs jours avant de travailler sur un autre traumatisme.

Adolescents

Pour les adolescents, qui ont un cerveau plus souple et plus malléable, il est parfois possible de traiter plusieurs traumatismes dans la même séance. Souvent le nettoyage chez les adolescents se fait très rapidement parce que les habitudes induites par la charge émotionnelle ont été moins souvent répétées et alors moins profondément ancrées qu'elles peuvent l'être chez les adultes. Le circuit neuronal du problème a été moins souvent sollicité et il est alors moins renforcé.

Enfants

Il n'est pas recommandé de travailler en NERTI avec des enfants de très bas âge. Le cerveau des tout petits n'a pas encore la maturité pour pouvoir se dissocier suffisamment de l'évènement codant traumatique. Une des caractéristiques de la toute petite enfance est de ne pas être capable de recul par rapport à ses propres expériences. Un enfant est totalement associé aux évènements et il vit chaque évènement de façon dramatique, la perte de son doudou, la faim etc. C'est pour cette raison que les évènements codants apparaissent à cette époque de la vie. C'est aussi pour cette raison que nous ne pouvons pas faire de NERTI à cet âge. Le faire quand-même pourrait renforcer l'expérience traumatique et aggraver le problème.

Il faut que le cerveau d'un enfant soit mature avant de pouvoir faire du NERTI, disons que c'est possible à partir de 7 ou 8 ans, « l'âge de raison ». A partir de 6, 7 ans, nous pouvons parfois et exceptionnellement nettoyer en NERTI pour des problèmes comme la peur du noir par exemple. Pour que l'enfant puisse se dissocier de l'expérience traumatique, demandez-lui de déplacer la main de sa mère à l'endroit où il sent quelque chose dans son corps quand il fait son revécu. Le mieux, c'est d'expliquer la technique à la mère pour qu'elle puisse le faire au moment où l'enfant est confronté à la difficulté, donc en NERTI « à chaud ».

Contre-indications

Il n'y a pas de danger à faire NERTI, parce que l'unité corps/cerveau se protège toute seule. Notre corps empêche le nettoyage s'il n'est pas en capacité de le supporter ou si cela risque d'être trop déstabilisant pour nous. Autrement dit, parfois notre structure émotionnelle s'estime trop faible pour pouvoir supporter le revécu de la mémoire traumatique et bloque alors le bon déroulement de la technique.

Tocs

NERTI peut se faire avec la plupart des gens, mais il y a eu très peu de bons résultats dans le traitement des tocs. Ceci pourrait s'expliquer par le fait qu'il s'agit de personnes qui gardent très fortement le contrôle de tout ce qui se passe dans leur corps et dans leur tête. Ils vont peu dans leurs sensations et ont beaucoup de mal à lâcher prise. Ils ont ainsi souvent beaucoup de mal à aller jusqu'au verrou et le nettoyage émotionnel est rarement efficace.

Recherche intellectuelle

Si nous souhaitons faire une recherche intellectuelle des causes d'un problème, si nous cherchons le « pourquoi » ou le « comment » de notre problème, NERTI n'est pas la technique à utiliser puisqu'il se restreint uniquement à enlever le problème. Quand nous nous posons des questions comme « pourquoi cela m'est-il arrivé ? », le cerveau active le circuit neuronal du problème, ce qui est le niveau de la pensée et non pas celui des sensations. Plus nous pensons à notre problème, plus nous le renforçons car pour comprendre le problème, le cerveau est obligé d'activer le circuit neuronal correspondant, ce qui le renforce. Quand nous pensons par exemple à notre dépression, en quelque sorte le cerveau la maintient et même la renforce. Une autre raison est l'incapacité de notre cerveau de « ne pas penser » à quelque chose. Vous avez déjà essayé de « ne pas penser à un kangourou qui saute » ?

Souvent après une séance NERTI, nous ne nous posons plus de questions intellectuelles, nous ne cherchons plus à comprendre le « pourquoi » ou le « comment » de notre problème, nous sommes simplement contents d'aller mieux.

Questions existentielles

En cas de recherche de réponses aux questions existentielles, NERTI ne peut pas beaucoup pour nous pour la même raison que ci-dessus. Par contre, le nettoyage émotionnel nous permet d'être moins réactifs à nos traumatismes inconscients et ne plus faire nos choix de vie par rapport à nos peurs. Nous pouvons alors accéder à nos véritables envies et vivre selon notre véritable personnalité.

Et après la séance de NERTI ?

Une fois libérée de la charge émotionnelle, nous pouvons instantanément gérer la réalité avec plus de facilité et réagir naturellement et de façon adéquate à ce qui se passe dans notre vie. Avant le nettoyage, notre personnalité était beaucoup plus réactive suite à la charge émotionnelle qui nous obligeait à réagir de façon stéréotypée. Une fois « nettoyé », nous devenons vraiment nous-mêmes et nous pouvons vivre notre vie en parfait accord avec notre véritable personnalité.

Grâce à la méthode NERTI, chacun peut ainsi retrouver le fonctionnement naturel et normal de nettoyage émotionnel de son corps.

Nous conseillons aux professionnels utilisant NERTI avec leurs clients de leur expliquer la technique pour qu'ils appliquent la même stratégie que pendant la séance, qu'ils puissent faire de l'auto-NERTI.

Quand le nettoyage est fait, c'est définitif. Il n'est pas possible de faire une deuxième première expérience ! Est-ce que vous pouvez croire au Père Noël à nouveau une fois que vous savez qu'il n'existe pas?

Après une séance NERTI il est même possible que nous ne retrouvions plus le problème que nous avons traité : l'affaire est définitivement classée !

Transformez vos grillages en ailes!

NERTI « à chaud » et « à froid »

NERTI peut se faire « à chaud » et « à froid », et vous pouvez le faire en auto-NERTI ou bien en séance avec quelqu'un d'autre.

« A chaud » la technique se fait au moment même où nous ressentons une émotion forte qui n'est pas adaptée à la situation présente. Le but de NERTI est de laisser le phénomène naturel de la catharsis se dérouler. N'arrêtez surtout pas votre émotion forte et concentrez-vous sur les sensations dans votre corps. De la même manière, n'arrêtez surtout pas une personne qui ressent une émotion forte mais amenez-la dans son corps, aux sensations qu'elle ressent à ce moment.
Le NERTI « à chaud » est facile à faire en auto-NERTI. La question magique est ...

« Qu'est-ce que ça fait dans votre corps ? »

« A chaud » veut alors dire se connecter aux sensations au moment où se déclenche l'émotion. Par exemple, si nous avons peur des araignées, c'est le moment où nous sommes en face d'une araignée et que nous nous mettons hors de nous ; et si nous avons peur de parler en public, l'émotion peut se déclencher au moment où on nous dit que nous devons faire cette présentation, mais ce peut aussi être au moment où nous nous trouvons devant le public. Il est vraiment important de faire NERTI au moment du déclenchement et pas après, une fois rentré à la maison, sauf bien sûr si vous souhaitez faire NERTI « à froid ».

NERTI se fait « à froid » lorsque nous ne sommes pas en contact avec la charge émotionnelle au moment où nous souhaitons faire NERTI. Ceci est le plus souvent le cas quand une personne vient consulter au cabinet. « A froid » nous forçons en quelque sorte le destin et nous lançons intentionnellement le processus naturel de NERTI « à chaud ».

Nous verrons un peu plus tard les feuilles de route pour les deux façons de commencer NERTI.

La technique NERTI

Comme nous l'avons vu, le principe de la technique NERTI consiste à revivre les sensations vécues au moment d'un traumatisme codant.

Recherche de la situation représentative

NERTI ne peut se faire que quand nous sommes en contact direct avec la mémoire traumatique. Nous sommes en contact avec cette mémoire au moment où nous sommes réactifs / en hyperréactivité, donc « à chaud ». Pour lancer NERTI « à froid », il nous faut alors un point de départ qui nous permettra de faire NERTI « à chaud ».

Pour lancer le revécu « à chaud », il faut trouver la situation qui est le plus en contact avec la charge émotionnelle traumatique. Pour cela, pensez à votre problématique et laissez venir **spontanément** une situation représentative. La situation qui nous vient spontanément nous permettra de revivre cette situation, de réveiller des émotions qui sont générées (notre l'hyperréactivité) et ainsi de lancer le revécu de la situation du traumatisme codant.

Trouver la bonne situation représentative est très important, et si une séance est infructueuse, cela est souvent dû à une « mauvaise » situation représentative au départ. Il est important que la situation ne vienne pas de manière intellectuelle, et nous cherchons la première image qui nous vient au cerveau, même si cette situation n'est pas forcément la première situation de cette hyperréactivité (en chronologie) ou la plus puissante (en intensité). Parfois même il se peut que nous pensions qu'il n'y a aucun rapport entre la situation qui nous vient et notre problème. C'est souvent le signe que c'est la situation la plus adaptée pour faire NERTI.

Laissez émerger ce qui vient. L'image que le cerveau - notre inconscient - nous envoie est la bonne. Faites confiance à votre corps et à ce que vous amène votre inconscient !

Quand vous accompagnez quelqu'un pendant une séance, pour trouver la situation représentative, vous pouvez demander :

- un exemple concret de l'hyperréactivité / de la phobie
- la première chose qui vient en pensant au problème

Et si la personne ne sait pas : « et si vous deviez donner un exemple de votre hyperréactivité ? »

Etat séparateur

Il est très souvent nécessaire de faire un état séparateur si la personne avec qui vous faites NERTI intellectualise un premier évènement, si elle réfléchit au choix à faire ou si elle contrôle et cherche la situation la plus forte ou la première fois que son hyperréactivité s'est présentée. Faites un état séparateur et parlez de toute autre chose que de NERTI, par exemple de comment la personne est venue chez vous, ce qu'elle a mangé au petit-déjeuner, quel film elle a vu récemment ou de n'importe quoi d'autre sauf de ce pour quoi elle est venue vous voir. Ensuite vous reprenez le travail et vous redemandez la première chose qui lui vienne à l'esprit quant à son hyperréactivité. Vous pouvez répéter plusieurs fois cette opération jusqu'à ce que la même situation se représente. Vous êtes sûr d'être sur la bonne piste de décollage. Le petit peu de temps perdu sera largement compensé par l'efficacité du processus.

Vous pouvez également faire un état séparateur en cas d'évènements en cascade. Redemandez quelle est la première image qui vient.

Pas de situation représentative

Si vraiment aucune situation précise ne vient spontanément, c'est que nous ne sommes pas prêts pour la technique et que notre inconscient nous protège. Notre inconscient estime qu'il n'est pas sain pour nous de revivre le traumatisme codant. Il se peut par exemple que nous soyons très fatigués ou que nous soyons épuisés émotionnellement. Dans ce cas, il sera nécessaire et judicieux de renforcer la structure par exemple par la sophrologie, le yoga, la méditation, le tai-chi, le chi-gong etc. A la fin de ce livre, vous trouverez quelques exercices de renforcement que vous pourrez effectuer en autonomie. Il est important de ne pas forcer la séance de NERTI, notamment pour des raisons d'écologie, parce qu'en forçant malgré la protection du corps, nous allons souffrir ou pire encore vous faites souffrir plus longuement et inutilement votre client, sans pour autant y arriver.

Une émotion parasite

S'il y a une émotion qui se présente pendant la recherche de la situation représentative, c'est une chance, et profitez-en pour faire NERTI « à chaud » directement. Par exemple, si la personne qui vient vous voir pour une séance s'énerve violemment parce qu'elle n'arrive pas à trouver une situation représentative, vous la prenez en NERTI « à chaud ». Dans ce cas, vous pouvez oublier la recherche de la situation représentative. Puisque l'émotion vient toute seule, nous sommes sûrs que nous avons affaire à une situation qui est en contact avec un traumatisme codant, peut-être pas celui que nous voulions travailler, mais c'est déjà ça de pris. L'émotion « parasite » qui apparaît à ce moment-là est d'ailleurs la plupart du temps quand-même en rapport avec le problème à traiter, même si au niveau logique elle n'en donne pas l'impression.

Addictions

En cas d'addictions, c'est souvent le manque physique d'une substance qui est en jeu : les compulsions de manger, de se droguer, de fumer. Travaillez le moment précis du déclenchement de la compulsion et lancez NERTI à ce moment là.

Traitement de l'inversion psychologique

Il peut arriver que pour des raisons plus ou moins inconscientes, la personne avec qui nous souhaitons faire NERTI soit opposée à la résolution de son problème. Il se peut, par exemple, qu'elle reçoit de l'attention à chaque fois qu'elle est en hyperréactivité. Son inconscient peut chercher à bloquer le nettoyage émotionnel pour garder le bénéfice secondaire de l'hyperréactivité qui est l'attention des proches. Nous appelons ce phénomène de résistance, l'inversion psychologique.

Pour éviter cette résistance, nous pouvons rassurer l'inconscient en faisant un exercice issu de l'EFT (*Emotional Freedom Technique*), une technique de libération des émotions par la stimulation de points d'acupressure situés sur le trajet des méridiens.

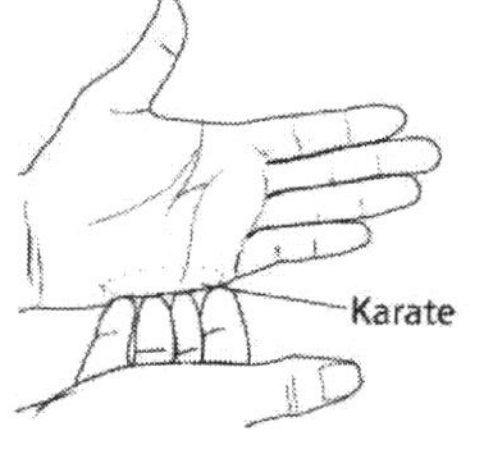

Le traitement de l'inversion psychologique se fait en tapotant sur le point karaté (le tranchant de la main) avec l'autre main en répétant la phrase suivante trois fois de suite :

« Même si j'ai *ce problème*, je m'aime totalement et profondément » en remplaçant « ce problème » par votre hyperréactivité. Par exemple : « Même si j'ai peur des araignées, je m'accepte et je m'aime totalement et profondément » ou « Même si je fais souvent des crises de colère sans raison, je m'aime complètement et totalement ».

Si cet exercice provoque une émotion, c'est génial, il suffit alors de démarrer une séance de NERTI « à chaud ».

Collecte de sensations

3

Que ce soit en NERTI « à chaud » ou « à froid », l'essentiel de la technique est de se concentrer sur les sensations qui se produisent dans le corps.
En revivant une situation, des sensations se manifestent. Dans le cas de NERTI « à froid », pour être sûr qu'il s'agit du bon traumatisme codant, il est important de collecter au moins 3 sensations. Il s'agit de sensations présentes ici et maintenant dans la séance, et non pas de sensations éventuellement vécues au moment du trauma !

Une fois que vous avez les trois premières sensations vous pouvez laisser de côté la situation représentative du début et vous concentrer uniquement sur les sensations et sur ce qui se passe dans le corps.

Laisser évoluer les sensations

Ensuite, notre but premier est de rester concentré sur les sensations, et sur tout ce qui peut se passer dans le corps. Le revécu sensoriel du traumatisme codant démarre quand les sensations commencent à évoluer. A ce moment-là, la seule chose à faire est de laisser les sensations se faire et de les laisser évoluer.

Les sensations peuvent devenir plus puissantes, moins puissantes, disparaître, se déplacer et / ou changer de nature. Il n'y a aucun risque à les laisser faire, car elles ne sont que de la mémoire corporelle.

Quand vous accompagnez quelqu'un, ne revenez pas sur les 3 premières sensations. Suivez la personne là où elle en est dans l'évolution de ses sensations. Les premières sensations sont souvent des marqueurs émotionnels habituels de la personne. Ce sont ses réactions « normales », et c'est seulement après que se dérouleront les sensations du revécu de l'évènement codant, notamment la sensation de mort recherché, le verrou pour la décharge émotionnelle.

Pour décharger la charge émotionnelle de l'évènement codant, il faut que le phénomène naturel de la catharsis se déroule. Les sensations du traumatisme codant doivent être revécues, notamment la sensation de mourir. Cette sensation de mourir passe la plupart du temps inaperçue car elle est noyée parmi les autres sensations kinesthésiques, ne vous attendez-vous alors pas aux drames !

Laisser faire

Il est important de ne pas calmer les sensations, ni de les contrôler, ni de les bloquer, ni de les adoucir. Il est vraiment important de LAISSER le corps FAIRE son travail et de laisser les sensations EVOLUER !

LAISSEZ le corps FAIRE son travail

Laissez les sensations EVOLUER!

La situation revécue dans le corps arrive normalement tout de suite et dure entre quelques secondes et quatre à cinq minutes. Si ce n'est pas le cas, le client est sûrement dans une émotion ou dans ses pensées ou il cherche à intervenir dans le processus. Vous devez alors le ramener dans ses sensations et l'encourager à laisser faire.

Toute sensation fait partie du nettoyage

Comme déjà mentionné plus tôt, toute sensation ressentie dans le corps au moment de NERTI fait partie de l'expérience, même les sensations récurrentes dont nous souffrions avant. Quand nous sommes dans le revécu, toute sensation qui est là, est liée au traumatisme et fait partie du moment à revivre. Accueillez tout et laissez tout faire !

Ne cherchez pas à bouger pour soulager d'éventuels maux de dos ou de crampes ou de vous gratter si vous en ressentez le besoin. Ces sensations font partie de l'évolution et il faut les laisser faire. Si cela est trop pénible, vous pouvez essayer de faire comme si cela ne vous concernait pas, comme si ce n'était pas votre corps et observez les sensations comme un chercheur observe un tas de fourmis, de l'extérieur. N'hésitez pas à informer votre client de ce point délicat, parce que quoi de plus naturel que de se déplacer quand la position est inconfortable ?

Verbaliser les sensations

Pour assurer que l'attention reste focalisée sur les sensations et ne part pas dans les émotions ou les pensées, il est important de (faire) verbaliser les sensations et les changements perçus au fur et à mesure.

Ramener dans le corps

Si la personne vous dit qu'elle ressent de la peur, ramenez-la directement dans son corps en lui demandant comment elle sent cette peur dans son corps ou/et où elle la sent. Quand il y a une émotion, il faut revenir dans les sensations, dans le corps. L'évènement codant a eu lieu la plupart du temps sans émotions, ce ne sont que les évènements déclencheurs ou généralisateurs qui sont liés à des émotions. Par exemple, quand quelqu'un vous marche violemment sur le pied, la première fois que cela vous arrive, vous avez mal, mais vous n'avez pas peur. Par contre, si vous rencontrez cette personne à nouveau et qu'elle a la même attitude que quand elle vous a marché sur le pied, vous n'avez pas mal, mais vous avez peur ... d'avoir mal.

Les trois questions clés

Les questions méga-hyper-super importantes à poser pendant toute la séance NERTI, encore et encore, sont les suivantes:

« Qu'est-ce qui se passe dans votre corps ? »

« Qu'est-ce que vous sentez dans votre corps? »

« Qu'est-ce que ça fait maintenant dans votre corps? »

La fin d'évolution des sensations

Quand il n'y a plus de sensations ou quand les sensations n'évoluent plus, la décharge émotionnelle s'est faite et c'est fini. Pour NERTI « à chaud », c'est vraiment fini, et vous pouvez arrêter. Pour NERTI « à froid », nous relançons le processus pour vérifier que c'est bien fini.

Quand vous avez l'impression que les sensations n'évoluent plus trop au bout de quelques minutes, ou que les sensations tournent en rond, arrêtez la technique pour faire un petit break.

Etat séparateur et relance

Au bout de 5 minutes de NERTI maximum, arrêtez la technique pour faire une petite pause. Faites un état séparateur pour changer d'idées et relancez NERTI de la même façon qu'au début. Demandez de repenser à la situation représentative du début et collectez trois sensations, puis laissez évoluer les sensations.

S'il y a encore des sensations qui évoluent, refaites NERTI comme décrit plus haut. Vous relancez tant qu'il y a des sensations qui évoluent pour vérifier que c'est bien nettoyé.

Si la personne ne retrouve pas sa situation représentative, s'il n'y a plus de sensations, ou s'il y a une seule sensation non-évolutive, c'est fini, le nettoyage est effectué.

Vérification

Après un NERTI « à froid », nous vérifions la réussite de la technique par l'observation de l'image représentative. Si la situation représentative du début de séance a changée, qu'elle est par exemple plus nette ou plus floue, plus grande ou plus petite, si elle est devenue une photo au lieu d'un film ou inversement, ou bien le contenu de la situation a changé, c'est la preuve que la séance a réussi et que vous êtes libéré de votre phobie et que la personne que vous accompagnez est débarrassée de son hyperréactivité. Nous appelons cette vérification, une « vérification par modification des sous-modalités ».

La modification des sous-modalités montre que le cerveau a modifié la teneur émotionnelle de cette représentation mentale. En PNL, pour changer la charge émotionnelle d'une représentation mentale, nous modifions les sous-modalités de la même manière. Si par exemple nous avons une grosse image dans notre tête qui nous fait peur, le simple fait d'imaginer cette image plus petite, suffit souvent à la rendre moins effrayante. Vous pouvez l'essayer !

Si la personne n'arrive plus du tout à évoquer la situation du lancement, c'est que le cerveau a fait une amnésie de la situation problématique, puisqu'elle est traitée il n'a plus besoin de la garder en mémoire.

Toute histoire a une fin

mais dans la vie ...

chaque fin annonce

un nouveau départ !

Après la séance

Il se peut qu'après la séance, une partie du cerveau soit encore occupée, il s'agit en quelque sorte d'une défragmentation du disque dur et il y a des personnes qui peuvent expérimenter un manque d'attention !

Evitez après une séance de NERTI de faire des activités nécessitant de l'attention comme conduire de long trajets, ou de faire des activités dangereuses ou nécessitant une grande attention, et évitez la prise de décision importante. Quand vous accompagnez quelqu'un, n'oubliez pas de lui dire à quoi s'attendre!

Queue de comète

Après une séance NERTI, il peut y avoir quelques douleurs ou des sensations quelque peu désagréables pendant un certain temps. Ces perturbations peuvent durer de quelques heures à 3 jours maximum. Nous appelons cette persistance de sensations "la queue de comète". Il s'agit d'un phénomène tout à fait normal. La queue de comète concerne surtout les personnes qui contrôlent beaucoup. Il est à supposer que les personnes qui ont l'habitude de contrôler n'ont pas laissé le processus de nettoyage se terminer naturellement. Si cela arrive, rassurez la personne sur le processus d'évolution. Accentuez qu'il faut laisser faire aussi ces sensations, en auto-NERTI, maintenant qu'il sait quoi faire : LAISSER FAIRE ! Il peut arriver aussi dans cette queue de comète qu'apparaissent spontanément des bulles émotionnelles. Il faut aussi les laisser se résorber en se concentrant sur les sensations et en les laissant évoluer.

Parfois aussi, il peut y avoir des perturbations dans le sommeil, par exemple soit le sommeil est très profond, soit il est perturbé et la personne fait des rêves bizarres.

Défragmentation du disque dur

Depuis la toute petite enfance, nous nous sommes construits autour de nos évènements codants traumatiques, et quand nous les nettoyons, nous nous débarrassons de quelque chose de fondamental dans notre structure. Nous pouvons même avoir l'impression qu'il s'agit de notre identité. Notre cerveau doit alors ré-agencer nos expériences de vie. C'est un peu comme défragmenter le disque dur de notre mémoire. Il est alors possible que nous soyons un peu déroutés ou fatigués après une séance NERTI surtout si l'hyperréactivité prenait une grande place dans notre vie. Evitez toutes activités dangereuses et/ou nécessitant beaucoup d'attention après une séance NERTI, notamment conduire longtemps, un gros travail intellectuel, passer un examen, ou de prendre des décisions importantes, etc. Notre cerveau est comme un ordinateur dont le processeur est occupé à faire la défragmentation, il fonctionne donc au ralenti.

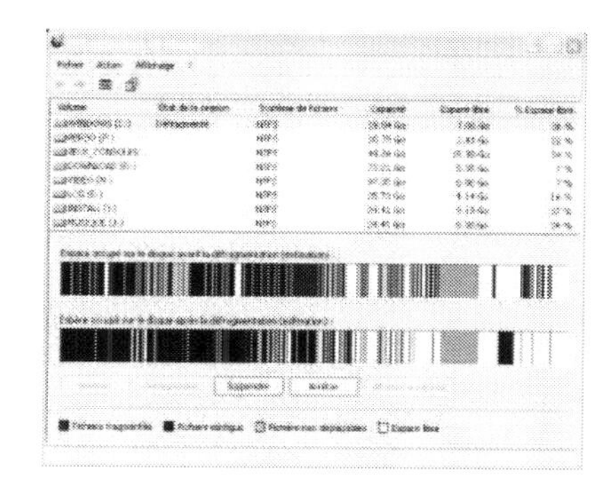

La peur fantôme

Parfois le circuit neuronal d'une personne a été renforcé, renforcé, renforcé maintes fois, comme un petit sentier qui devient une route à force d'être emprunté à chaque fois. Au moment où nous enlevons la charge émotionnelle, le cerveau prend, ou pas, cette nouvelle direction. Parfois, il a tellement l'habitude de prendre l'ancien circuit qu'il a du mal à en prendre un autre. Nous avons peur d'avoir peur.

Quand nous continuons d'avoir peur vers l'avenir alors que notre corps ne réagit plus négativement, nous appelons ce phénomène « la peur fantôme » : « oui, mais d'habitude j'ai peur, je n'ai pas envie d'y aller, peut-être que ça se reproduira ... donc je n'y vais pas » et nous reprenons le chemin ancien. Parfois il est alors nécessaire de faire une ou plusieurs nouvelles expériences pour valider le nouveau chemin neuronal, pour montrer au cerveau que l'ancien chemin n'existe vraiment plus.

Vous pouvez aider les gens à faire une nouvelle expérience, soit en réalité en lui faisant vivre la situation qui avant déclenchait l'hyperréactivité, soit en faisant un pont vers le futur en s'imaginant en train de faire ce que d'habitude nous avions peur de faire. Mettez de l'émotionnel positif, c'est comme si nous faisions un déconditionnement. Il est possible d'utiliser pour cela la correction sérielle en sophrologie et cohérence cardiaque, la désactivation d'ancre, le Swish, la dissociation ou le fondu visuel en PNL, ou bien l'EFT. Les mouvements oculaires sont aussi des alternatives très efficaces.

Un petit exercice pour se débarrasser de la peur fantôme

Amener une autre physiologie, par exemple la respiration cohérence cardiaque, régule notre système nerveux. Nous proposons d'écraser tout ce qui reste comme résidu émotionnel et qui empêche de se sentir vraiment bien par rapport à la situation.

1) Mettez-vous dans la situation qui provoque la peur fantôme ou bien imaginez-la avec un maximum de détails.
2) Evaluez votre peur fantôme sur une échelle de 0 à 10. Zéro signifie que vous n'avez plus peur du tout, 10 que vous avez très peur.

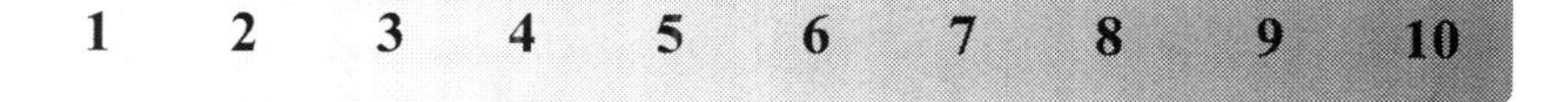

3) Pratiquez au moins une minute de respiration en cohérence : Inspirez sur 5 secondes puis soufflez sur 5 secondes, sans forcer, ni bloquer la respiration. La respiration doit être naturelle.
4) Tout en continuant la respiration, imaginez avec le plus de détails possible, ce qui continue à causer la peur fantôme.
5) Réévaluez votre peur fantôme sur l'échelle de 0 à 10.
6) Si votre peur fantôme est encore présente, refaites le même exercice jusqu'à disparation complète.
7) Valider la différence pour renforcer le nouveau circuit neuronal. Plus vous validez, plus vous mettez de l'énergie émotionnelle positive, et plus vous renforcez le nouveau circuit neuronal, la nouvelle habitude de votre cerveau.

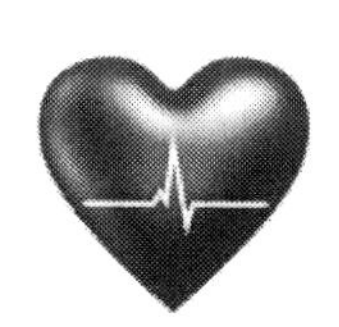

Rien n'a changé ...

Il arrive parfois que vous avez l'impression que rien n'a changé pour vous après avoir fait NERTI, ou bien que la personne avec qui vous avez fait NERTI a l'impression que rien n'a changé pour elle. Pour cette raison, c'est important de faire le point **avant** de faire la séance de NERTI pour que la personne vous explique de quoi effectivement elle souffre, l'ampleur de l'hyperréactivité, le nombre de fois que cela lui arrive, ses réactions précises, ... bref, demandez des détails que vous pourrez vérifier plus tard.

Il arrive régulièrement par exemple, qu'une personne ne se rappelle même plus comment c'était quand elle souffrait encore de son hyperréactivité. Vous pouvez ensuite lui dire que la première fois que vous avez parlé de, par exemple, sa jalousie maladive, elle vous a raconté exploser au moins 5 fois par semaine, qu'elle jetait parfois son téléphone contre le mur et que chaque jour elle devait se retenir au moins plusieurs fois pour ne rien dire à son compagnon ou d'autres personnes par rapport à sa jalousie.

Parfois aussi les gens ont l'impression que NERTI n'a pas marché pour eux parce que « j'ai encore eu une crise de jalousie il y a trois jours ». Vous pouvez lui souligner ici qu'une explosion une fois de temps en temps (peut-être même justifiée !) n'est pas du tout pareil que 5 explosions (non justifiées) par semaine et plusieurs explosions retenues par jour.

Vous pouvez prendre quelques notes sur un papier qui vous guidera pendant la séance:

Nom : **Hyperréactivité :** **Souffrance :** …… / 10	**Détails de l'hyperréactivité :** N° de fois/jour ou semaine: Intensité : Autre :
3 sensations : - - -	**Sensations qui évoluent :**
Autre :	**Résultat direct ou après :**

Par exemple :

Nom : *Jean* **Hyperréactivité :** *phobie des hôpitaux et du sang* **Souffrance :** *9 / 10*	**Détails de l'hyperréactivité :** *Se sent très mal dans les hôpitaux, doit s'asseoir, pense s'évanouir et même s'évanouit (accouchement de sa femme), ne supporte pas de voir du sang, envie de vomir ...*
3 sensations : - *gorge serrée* - *palpitations* - *cœur s'emballe*	**Sensations qui évoluent :** *Le front tire ...* ... ...
Autre : *Séance rapide, 3 – 4 minutes* *2 relances, 2ième sans sensations*	**Vérification** : *Image plus nette* **Résultat direct ou après :** *Va aller à l'hôpital après séance* *PS : mail : définitivement OK*

FEUILLE DE ROUTE - NERTI « à chaud »

LANCEMENT

Pour permettre la catharsis naturelle de se faire ...

- fermez les yeux
- portez l'attention sur les sensations dans votre corps
- concentrez-vous sur les sensations et laissez-les faire

VOL

Pour entretenir le vol ...

- verbalisez les changements perçus au fur et à mesure - à haute voix ou mentalement
- laissez évoluer les sensations

ATTERRISSAGE

Il n'y a plus de sensations ...

- ouvrez les yeux

FEUILLE DE ROUTE - NERTI « à froid »

PRELANCEMENT

- définition du problème
- laissez venir "spontanément" la situation représentative
- répétez 3 fois la phrase d'inversion psychologique : « même si j'ai *ce problème*, je m'aime totalement et profondément »

LANCEMENT

- fermez les yeux
- revivez la situation représentative pour lancer le revécu du traumatisme codant
- collectez 3 sensations dans le corps
- concentrez-vous sur les 3 sensations et laissez-les évoluer
- lâchez la situation de lancement et continuez à laisser évoluer les sensations

VOL

- verbalisez les changements perçus au fur et à mesure, à haute voix ou mentalement
- laissez évoluer les sensations

ATTERRISSAGE

Soit il n'y a plus de sensations, soit après plus de 3 - 4 minutes :

- ouvrez les yeux

ETAT SEPARATEUR

- parlez d'autre chose pendant quelques instants

RELANCEMENT

- refermez les yeux
- revivez la même situation représentative et laissez venir les sensations
- s'il y a 3 sensations, ou s'il y a 1 ou 2 sensations évolutives : continuez en laissant évoluer les sensations comme dans la phase du vol
- s'il n'y a plus de sensations ou juste une ou deux non-évolutives : c'est fini

ATTERRISSAGE

Il n'y a plus de sensations ...

- ouvrez les yeux

VERIFICATION

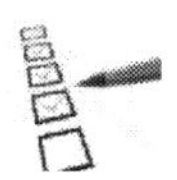

- qu'est-ce qui a changé dans la représentation mentale de la situation représentative ?

Les 7 pièges à éviter

Il y a des pièges qu'il faut absolument éviter parce qu'ils vont soit bloquer le nettoyage, soit même aggraver le problème.

1) Forcer le processus

Le processus de nettoyage est un phénomène naturel qui se fait à son propre rythme et qui a sa propre logique. Souvent dans le souci de vouloir bien faire, nous avons tendance à vouloir faire quelque chose, à accélérer ou à ralentir l'évolution des sensations perçues. Chercher volontairement à les modifier ne fait que ralentir le processus, voire le bloquer. Dans 99% des cas, une sensation qui reste stable est le signe de contrôle.

Solution : Laissez faire !

2) Chercher des explications

Par notre éducation, nous avons appris à toujours chercher le « pourquoi » et le « comment » de ce qui nous arrive. Malheureusement, toute activité mentale de réflexion, d'analyse, de comparaison, nous coupe des perceptions sensorielles et stoppe instantanément le processus de nettoyage émotionnel.

Solution : Restez concentré uniquement sur les sensations !

3) Vouloir contrôler ou calmer les sensations

Parfois les sensations du revécu sont inconfortables, voire pénibles, parfois au contraire elles passent presque très inaperçues. Chercher à les modifier, à les contrôler, à les intensifier, à les atténuer ou à les stopper empêche le déroulement naturel du revécu sensoriel. Le verrou qui bloque la charge émotionnelle est souvent la sensation la plus désagréable du revécu, mais … pas forcément. Si le processus naturel est arrêté, il va falloir relancer et revivre les sensations une fois de plus. Pour libérer la charge émotionnelle, il faudra passer dans cette phase même si elle peut être très inconfortable.

Solution : Laissez faire les sensations, même désagréables – qu'elles soient très intenses ou pratiquement imperceptibles !

4) Chercher à ressentir le passé

Une erreur commune est de vouloir retrouver l'émotion vécue au moment de la réaction phobique ou de l'hyperréactivité. Ce qui a été vécu à ce moment-là n'est pas forcément similaire à ce qui est revécu dans le corps au moment de la séance. Les sensations perçues au moment de la séance de NERTI font référence au traumatisme codant (inconscient) et non pas forcément aux sensations vécues lors de la situation représentative de la réaction phobique.

Solution : Focalisez votre attention uniquement sur les sensations présentes pendant la séance.

5) Se laisser emporter par les émotions

Les émotions vécues au cours de la séance NERTI sont susceptibles d'aggraver l'hyperréactivité émotionnelle. La réaction émotionnelle charge émotionnellement tout ce qui est perçu par les sens au moment de la séance, comme l'odeur du cabinet, la voix du thérapeute etc. Ces perceptions sont alors susceptibles de redéclencher la charge émotionnelle, ce qui peut constituer un nouvel évènement généralisateur. C'est l'effet généralisateur dont nous avons parlé précédemment.

Solution : Restez concentré uniquement sur les sensations. Qu'est-ce qui se passe dans votre corps ?

6) Se laisser aller à l'imagination

Certaines personnes associent à leurs sensations des représentations mentales fantasmatiques, par exemple un dragon qui est en train de leur manger les tripes. L'imaginaire est une activité mentale qui alimente le problème et le fait perdurer car elle s'auto-entretient sans pour autant nettoyer la charge émotionnelle. Pour rappel : la charge émotionnelle est uniquement codée en termes de sensations.

Solution : Restez dans vos sensations !

7) Ne pas faire le nettoyage

Si nous ne faisons rien, rien ne changera pour nous. Ne rien faire et se mettre la tête dans le sable ne résout que très rarement un problème.

Solution : A nous de jouer !

Difficultés et solutions

AVANT LA SEANCE

Une partie de la personne ne souhaite pas résoudre le problème

Cause	Solution
La personne est certainement prise dans une inversion psychologique. Une partie d'elle est plus ou moins inconsciemment opposée au nettoyage.	Tapez sur le point karaté en disant: « même si j'ai ce problème, je m'aime profondément et complètement » et ceci trois fois. (EFT) Vous pouvez remplacer « ce problème » par l'hyperréactivité dont vous souffrez. Par exemple : « Même si j'ai peur des araignées, je m'aime profondément et complètement. »

AU PRELANCEMENT

Il n'y a pas de problème précis

Cause	Solution
Il n'y a pas de demande.	Pas besoin de faire de NERTI.
Le mental n'est pas prêt.	Renforcez par la sophrologie, la cohérence cardiaque, yoga, taïchi, …
Présence d'une émotion parasite. Par exemple une personne qui se met en colère quand il cherche une situation représentative ou qui n'ose pas fermer ses yeux.	Traitez ce qui est là avec NERTI « à chaud » - souvent cette émotion parasite est en rapport direct avec le traumatisme codant.

Il n'y a pas de situation représentative précise

Cause	Solution
Il n'y a pas de vraie demande.	Arrêtez ou créez une demande.
Le mental n'est pas prêt à affronter.	Renforcez la structure jusqu'à ce que le mental soit prêt (sophrologie, cohérence cardiaque, yoga, taïchi, ...).
Présence d'une émotion parasite.	Traitez « à chaud » cette émotion.

AU LANCEMENT

N'arrive pas à se mettre dans la situation

Cause	Solution
Il n'y a pas de vraie demande.	Arrêtez ou créez une demande.
Présence d'une émotion parasite.	Traitez « à chaud » cette émotion.
La personne reste dans le mental.	Renforcez / rééduquez le corps (sophrologie) pour revenir dans le corps.
Situation forcée / mal choisie.	Redéfinissez le départ.
Le mental n'est pas prêt à affronter.	Renforcez jusqu'à ce que le mental soit prêt (sophrologie, cohérence cardiaque, yoga, taïchi, ...).
La charge est éliminée.	C'est fini. Il peut arriver que le nettoyage soit tellement rapide que le sujet a l'impression que rien ne s'est passé. Le test de la réactivité dans la vraie vie permettra de valider l'intervention.

Pas de sensations

Cause	Solution
Il y a une perte de sensation.	Vérifiez si c'est une sensation ou si le corps paraît normal. Si la personne ne sent plus son corps ou une partie de son corps, ceci est une sensation, il s'agit d'un revécu d'une perte de connaissance – continuez et laissez évoluer la situation.
La personne n'est pas en position associée. Elle ne vit pas la situation de l'intérieur, mais elle se voit de l'extérieur. La personne est spectatrice de la situation représentative, c'est comme si elle se voyait jouer dans un film.	Faites la passer en mode associé, où elle vit la situation comme l'actrice du film, elle est au cœur de l'action et elle ne se voit pas, elle y est. Ramenez la personne dans son corps.
La personne cherche à retrouver les sensations vécues et à revivre les sensations du moment de la situation représentative.	Ramenez-la dans les sensations du présent, c'est le maintenant, le moment de la séance qui compte.
La personne cherche à retrouver les émotions vécues.	Ramenez-la dans son corps, dans les sensations du présent, dans le ici et maintenant.
La personne ne reste pas assez dans son corps.	Rééduquez le corps (sophrologie).
La charge est éliminée.	Le nettoyage est fini.

Il y a moins de 3 sensations

Cause	Solution
Il y a 1 ou 2 sensations évolutives.	C'est le signe que le revécu est en train de se dérouler. Continuez.
La personne cherche à retrouver les sensations vécues et pas à vivre les sensations du moment, du présent.	Ramenez-la dans son corps et dans les sensations du présent, c'est le maintenant qui compte.
La personne cherche à retrouver les émotions vécues.	Ramenez-la dans son corps et dans les sensations du présent.
La personne n'est pas en position associée.	Passez en position associée, ramenez la personne dans son corps.
La charge est éliminée.	Le nettoyage est fini.

Les sensations s'arrêtent en cours

Cause	Solution
La personne lâche les sensations avec la situation.	Retournez à la situation et restez focalisé sur les sensations.
La personne cherche à retrouver les sensations vécues et pas à revivre les sensations du moment, du présent.	Ramenez-la dans son corps et dans les sensations du présent.

PENDANT LE VOL 

La personne voit des images fantasmatiques, comme si elle rêvait

Cause	Solution
La personne n'a pas lâché la situation.	Ramenez-la dans son corps et dites-lui de ne plus penser à la situation de départ.
La personne reste au niveau mental.	Ramenez-la dans son corps et les sensations.

Une émotion trop forte

Cause	Solution
La personne reste au niveau émotionnel.	Ramenez-la dans son corps, dans ses sensations.
La personne cherche à retrouver les émotions vécues.	Ramenez-la dans son corps, dans les sensations du présent.

Sensations stables

Cause	Solution
La personne est dans une émotion.	Ramenez-la dans son corps.
La personne cherche à intervenir.	Ramenez-la dans son corps et laissez faire.
La personne contrôle et ne se permet pas de revivre le "verrou" (le moment où elle a cru mourir).	Ramenez-la dans son corps et poussez-la à se lâcher, à laisser faire les sensations.

	« Qu'est-ce que tu risquerais si tu y allais ? Vas-y ! »
La personne n'arrive pas à laisser faire.	Demandez « et si vous laissiez faire, qu'est-ce qui se passerait dans votre corps ? »

Les sensations évoluent trop lentement (plus de 5 minutes)

Cause	Solution
La personne est dans une émotion.	Relancez en faisant attention qu'elle reste bien concentrée sur son corps et ses sensations.
La personne cherche à intervenir.	Relancez en faisant attention qu'elle reste bien concentrée sur son corps et ses sensations.
La personne contrôle et ne se permet pas de revivre le "verrou" (le moment où elle a cru mourir).	Relancez et poussez-la à se lâcher, invitez-la à y aller.
La personne a bifurqué sur autre chose.	Relancez.
La personne a pris des psychotropes.	Reprenez sans psychotropes ou prenez le temps.

Les sensations tournent en boucle

Cause	Solution
La personne est dans une	Ramenez-la dans son corps et

émotion.	à ses sensations.
La personne cherche à intervenir.	Dites-lui de lâcher prise et de laissez faire.
La personne part dans le mental.	Ramenez-la dans son corps.
La personne contrôle et ne se permet pas de revivre le "verrou" (le moment où elle a cru mourir).	Ramenez-la dans son corps et poussez-la à se lâcher, invitez-la à y aller.
La personne contrôle et essaie de faire bouger les choses elle-même	Demandez-lui d'observer ce qui se passe dans son corps.
La personne pense qu'il s'agit d'une sensation « habituelle » qu'elle a et donc pense que cette sensation ne fait pas partie de la situation.	Expliquez-lui que tout ce qu'elle sent fait partie du moment revécu et ramenez-la dans ses sensations.
La durée dépasse les 5 minutes.	Arrêtez et relancez. Eventuellement cherchez où est le problème qui empêche la catharsis naturelle.

N'arrive pas à décrire ses sensations

Cause	Solution
La personne a du mal à décrire ses sensations.	C'est OK, l'important est de rester concentré sur ce qui se passe dans son corps, il peut décrire les sensations en termes vagues, sans précisions.

A LA RELANCE

La même empreinte à chaque relance

Il n'y a pas eu de nettoyage émotionnel.

Cause	Solution
La personne part dans l'émotionnel ou le mental.	Ramenez-la dans ses sensations.
La personne cherche à intervenir.	Relancez en encourageant la personne à ne pas intervenir. Laissez faire.
La personne contrôle et ne se permet pas de revivre le "verrou" (le moment où elle a cru mourir).	Ramenez-la dans son corps et poussez-la à se lâcher.
Il y a une perte de sensation.	Ceci est une sensation, il s'agit d'un revécu d'une perte de connaissance – continuez et laissez évoluer la situation. Vérifiez et continuez.

Il n'y a pas de sensations

Cause	Solution
La charge est éliminée.	Le nettoyage est fini.
Il y a une perte de sensation.	Ceci est une sensation, il s'agit d'un revécu d'une perte de connaissance – continuez et laissez évoluer la situation. Vérifiez et continuez.

Il y a moins de 3 sensations

Cause	Solution
La charge est éliminée.	Le nettoyage est fini.
Il y a 1 ou 2 sensations évolutives.	Continuez.

Sensation qui fait des allers-retours

Cause	Solution
L'intensité monte et descend – accordéon.	La personne contrôle et ne se permet pas de revivre le "verrou" (le moment où elle a cru mourir) : ramenez-la dans son corps et laissez faire. « Qu'est-ce que tu risquerais si tu y allais ? Vas-y ! »

A LA VERIFICATION 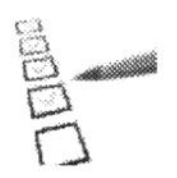

La personne a l'impression que la situation représentative n'a pas changé

Cause	Solution
La personne n'a pas bien compris comment l'image de la situation représentative peut changer.	Donnez des exemples de comment l'image peut changer : plus floue ou plus nette, plus distante ou plus proche, plus petite ou plus grande, devenue noire et blanche ou en couleur, est devenue une photo ou un film, ...

Il persiste une douleur après la séance

Cause	Solution
Le corps est en train de faire son travail et continue à digérer le nettoyage émotionnel. Ces sensations peuvent évoluer quelques heures, voire parfois quelques jours (rarement).	C'est « la queue de comète ». Laissez au corps le temps de finir ce qu'il a à faire. N'intervenez pas, n'ayez pas peur et laissez faire (auto-NERTI).

Les rêves sont perturbés ou plus agités

Cause	Solution
Le cerveau fait son travail de défragmentation.	Laissez faire, c'est normal. Le contraire se fait aussi,

	nous dormons comme une masse, tandis que d'habitude nous avons plus de mal à dormir.

Une fatigue intense

Cause	Solution
C'est un revécu de sommeil, et le revécu peut rappeler l'endormissement du bébé.	Laissez faire et attendez que cela passe.
C'est le travail de défragmentation qui a commencé et qui utilise beaucoup d'énergie.	Laissez faire et attendez que cela passe.

Changement de comportement

Cause	Solution
Parfois les gens qui ont tendance à être trop gentils se permettent enfin d'être, d'exprimer, de vivre leur colère. Des gens qui avaient tendance à être trop gentils, à ne pas savoir dire non, peuvent, après une séance NERTI, être temporairement plus agressifs. Après cela va se régulariser et ils vont savoir dire non sans agressivité.	C'est un très bon signe ! Laissez faire et accueillez la différence.

Amnésie du problème

Cause	Solution
La personne ne se rappelle plus de son hyperréactivité antérieure, la raison de la séance de NERTI.	La mémoire a été effacée. Rappelez-lui des détails de son hyperréactivité qu'elle vous a donnés au début de séance : ampleur, nombre de fois, réactions précises, etc.

Transcriptions de 2 séances NERTI

Carole – jalousie maladive

Carole, 32 ans, souffrait d'une jalousie maladive qui gâchait la vie de son fiancé, de sa mère et également de quelques amies auxquels elle faisait régulièrement des crises de jalousie. Elle-même en souffrait beaucoup parce qu'elle ne voulait pas être comme cela. Il a suffit d'une séance NERTI pour s'en débarrasser définitivement.

P = praticien   C = Carole

P : Carole, tu peux donner une image d'une situation représentative de ta jalousie maladive ?	**Prélancement** Choix de la situation
C : Ben, il y a une image qui me vient d'une fois où j'ai fait une grosse scène à mon copain parce qu'il ne m'avait pas appelé à l'heure qu'on avait convenue. C'est OK ça ? C'est pourtant pas la fois la pire que j'ai vécue, le pire c'était quand j'ai carrément jeté mon téléphone portable contre le mur.	
P : La première chose qui t'est venue me va très bien, c'est exactement ça que nous cherchons.	
P : Je vais te demander maintenant de fermer les yeux pour que tu sois un maximum à l'intérieur de toi, et ensuite tu vas ressentir des sensations dans ton corps. La seule chose que tu as à faire est de les accueillir, de les laisser faire, de les laisser évoluer et de me tenir au courant de ce qui se passe dans ton corps, autrement dit de verbaliser ce que tu	Explication du processus

sens. Est-ce que c'est OK pour toi ? C : Oui, j'ai compris.	
P : Parfait ! On y va ! Ferme tes yeux et repense à cette situation de quand tu as ressenti une grosse jalousie parce que ton copain ne t'avait pas appelé à l'heure que vous aviez convenue. Est-ce que tu peux revivre cette situation ? C : Ce n'est pas cool, mais oui, j'y suis.	**Lancement** Fermer les yeux Penser à la situation représentative
P : Parfait. Maintenant que tu revis cette situation, qu'est-ce que tu ressens dans ton corps ? C : J'ai la gorge nouée, et j'ai une boule au ventre. P : Parfait, tu as la gorge nouée et une boule au ventre, et est-ce qu'il y a autre chose encore ? C : Oui, ça me gratte la tête ! C'est bizarre ! Je peux me gratter ?	Collecte de 3 sensations
P : Non, désolée ! C'est parfait, tu peux maintenant arrêter de penser à la situation de ta crise et concentre-toi sur les sensations dans ton corps et laisse-les évoluer. Laisse-les se déplacer, s'intensifier ou disparaître comme elles le souhaitent. Et tiens-moi au courant. C : Ça me gratte de plus en plus la tête, ça devient presque insupportable ! P : Parfait, laisse faire, et laisse intensifier ces grattages.	**Vol** Abandonner la situation représentative Rester focalisé sur les sensations et les laisser évoluer

C : La gorge n'est plus nouée, mais j'ai mal à la tête, ici sur le côté droite de ma tête, ça lance un peu. P : Très bien, laisse faire. C : La douleur qui était d'abord à droite est maintenant un peu plus à gauche, comme si elle se déplaçait. P : Super, laisse faire, et laisse évoluer cette douleur. Observe ce déplacement. C : Aïe, ça devient très violent tout à coup, ça fait mal ! Ah, ça y est, c'est parti. Mais là dans ma jambe c'est comme si j'allais avoir une crampe.	
P : C'est possible et c'est normal, laisse faire. Laisse cette crampe se faire si elle veut. C : C'est tortionnaire ce NERTI !! P : Et oui ! Mais tu verras, ça ne durera pas longtemps. Concentre-toi sur ce qui se passe dans ton corps et dis-le-moi. C : La crampe est hyper forte !! P : OK, laisse faire, essaie d'observer cette crampe comme un chercheur observe un tas de fourmi, de l'extérieur. C : Ah, ça va mieux maintenant. Je ne sens plus rien dans ma gorge et ça ne me gratte plus. Par contre, la boule au ventre y est toujours. P : Qu'est-ce qu'elle fait ? Comment évolue-t-elle ? Décris-la-moi, s'il te plaît.	Nos questions n'ont que deux objectifs : - focaliser sur les sensations - les laisser faire, les laisser évoluer par elles-mêmes sans intervention de notre part.

C : Ça tire vers l'intérieur, comme un … oh je ne sais pas. Oh, c'est vraiment désagréable ! Ça tourne de plus en plus vite. Je laisse toujours faire ? P : Oui, laisse faire, laisser tourner. C : Ça tourne dans le sens des aiguilles d'une montre. Et ça tire vers le bas, encore et encore, aïe ! Hé, ça devient moins intense. Ça disparaît petit à petit. Ah, là, ça a complètement disparu. P : Parfait ! Qu'est-ce qui se passe dans ton corps maintenant ?	
C : Pas grand-chose je crois.	**Atterrissage**
P : OK, faisons un petit break. Tu es venue comment ? Tu as pu te garer facilement ?	Etat séparateur
C : Oh, oui, pas de problème, TomTom m'a indiqué le bon chemin et juste quand je suis arrivée une voiture est partie donc j'ai pris sa place. P : Tu as eu de la chance alors. Alors, es-tu prête pour un deuxième passage ? C : Oui.	
P : Parfait, alors referme tes yeux et remets-toi dans la situation représentative de tout à l'heure. Tu y es ?	**Relancement**
C : Oui, j'y suis. P : Qu'est-ce que tu ressens dans ton corps	

maintenant ? C : Toujours un peu la boule au ventre, mais maintenant ça ne tourne pas, ça bouillonne plutôt. P : Quoi d'autre ? C : J'ai des fourmis dans mon pied gauche, c'est bizarre ! P : Bizarre, mais très bien. Quoi d'autre ? C : Je sens une petite pointe dans ma poitrine.	Collecte des 3 sensations
P : OK, concentre-toi sur la boule au ventre qui bouillonne, les fourmis dans ton pied gauche et la pointe dans ta poitrine. Laisse évoluer ces sensations et laisse de côté la situation. C : La pointe est déjà partie, et les fourmis sont beaucoup moins fortes maintenant. P : Très bien. Quoi d'autre ? C : La boule au ventre bouillonne, c'est assez houleux comme sensation et ça me donne la nausée. C'est vraiment dégueu. Je ne vais quand-même pas vomir ici ? P : Normalement non, mais concentre-toi juste sur ces sensations, et laisse-les faire. C : Oh, vraiment je vais vomir ! P : Au cas où j'ai une bassine ici, t'inquiète pas, c'est normal, et surtout n'arrête pas, ne bloque rien, laisse faire, tu dois revivre ça, donc revis le maintenant une fois pour toutes.	**Vol** Laisser de côté la situation de lancement

Je suis là. C : Ah, ça va mieux ! Purée, je pensais vraiment que j'allais vomir ! C'était terrible comme sensation ! P : Et qu'est-ce que tu sens encore dans ton corps ? C : Plus rien. C'est tout tranquille, plus de pointe, plus de boule, plus de crampe, rien ... P : Est-ce que tu sens bien ton corps ou pas ? C : J'ai l'impression que je ne sens plus trop mes jambes, comme si elles flottaient. P : Très bien, reste concentré sur cette sensation dans tes jambes et laisse-la évoluer. C : Ça gagne mes bras. Ah, j'ai l'impression que je sens de nouveau mes jambes, elles sont revenues. P : Est-ce qu'il y a autre chose ?	
C : Non, tout à l'air normal. J'ai envie d'ouvrir les yeux. P : OK parfait. Tu peux ouvrir tes yeux alors. Comment tu te sens ? C : Un peu chamboulée quand-même ! C'est dingue tout ça, toutes ces sensations qui se pointent, qui se déplacent et qui repartent ! Tu penses vraiment qu'après je ne serai plus jalouse ?	**Atterrissage**
P : Oh oui, c'est sûre ! Je te propose de repartir encore une fois. Ferme tes yeux, pense à ta situation de départ et laisse venir	**Relancement**

les sensations sans les chercher. Laisse venir spontanément ce qui arrive, peut-être des sensations vont apparaître, peut-être pas. C : Non, désolée, je ne sens rien. C'est bizarre … P : Tu peux ouvrir les yeux. Dis-moi, quand tu penses maintenant à la situation du début, est-ce qu'elle est exactement la même ou est-ce qu'il y a quelque chose qui a changé ? C : C'est la même image, mais tout à l'heure c'était très sombre et maintenant il y a plus de couleur, et l'image est aussi devenue plus petite.	 **Vérification**
P : Parfait ! Ça me va, NERTI a bien fait son travail. Et si tu penses maintenant à une situation où ton copain ne t'appelle pas à l'heure convenue ? C : C'est bizarre, mais j'ai l'impression que ça ne me fera rien du tout !!! Je peux l'appeler ou bien me dire qu'il a sûrement un empêchement et qu'il m'appellera plus tard. Tu es sûr que c'est définitif ? Ce serait génial ! P : Oui, c'est définitif ! La charge émotionnelle de ton traumatisme codant a été déchargée, donc elle ne reviendra plus t'embêter. C : Merci beaucoup ! Je te tiendrai au courant.	**Pont vers le futur**
P : Avec plaisir. Oui, tu me diras comment ça évoluera pour toi. Et juste au cas où tu ressentirais encore quelque chose dans les heures / jours qui suivent, ne t'inquiète pas, c'est normal, laisse juste faire. Evite de conduire de longs trajets ou de prendre des	 **Informer de la queue de comète**

décisions importantes aujourd'hui. Il se pourrait que tu sois un peu fatiguée et que tu aies du mal à réfléchir. C : Pas de souci, je vais rentrer, me prendre un bon bain et dormir.	

Jean – peur des hôpitaux et du sang

Jean, 45 ans, souffrait de la phobie des hôpitaux et du sang. Il ne pouvait pas aller dans un hôpital sans se sentir mal ou bien sans s'évanouir. Il a suffit d'une séance NERTI pour s'en débarrasser définitivement.

P = praticien J = Jean

P : Est-ce que tu as un sujet sur lequel tu veux travailler ? J : Oui, la peur des hôpitaux, du sang, ...	**Prélancement** Sujet à traiter
P : OK, quelle est la situation qui te vient spontanément ? J : La dernière fois que j'ai dû aller à l'hôpital.	Choix de la situation représentative
P : OK. Je te propose de fermer les yeux et de retourner ce jour-là quand tu étais à l'hôpital. Tu peux me dire ce que ça fait dans ton corps maintenant ? J : La gorge serrée. P : La gorge serrée, quoi d'autre en même temps ? J : Des palpitations, des yeux qui bougent, et le cœur qui s'emballe.	**Lancement** Collecte des 3 sensations
P : OK très bien, maintenant je te propose de te concentrer sur toutes ces sensations-là, le cœur, les palpitations des yeux, et la gorge. Complètement focalisé sur ça, tu laisses faire. Tu lâches la situation à l'hôpital et tu focalises sur ce qui se passe dans ton corps maintenant et tu me décris comment ça se transforme. J : J'ai des mains moites. P : Des mains moites, très bien.	**Vol** Abandonner la situation représentative Rester focalisé sur les sensations et les laisser évoluer

J : Envie de déglutir. P : Très bien, tu laisses faire, tu laisses dérouler. Il y a une émotion? J : Hmm. P : C'est quoi ? J : La peur. P : Très bien, comment tu la sens dans ton corps ? Comment tu la sens physiquement ? A quel endroit ? J : J'ai le front qui se plie. P : OK, c'est au niveau du front ? J : Va dans ton front et laisse le faire à fond. Voilà, très bien. Laisse faire, reste en contact avec ça, lâche prise complètement. Laisse-toi embarquer dans ce qui est en train de se faire. J : J'ai les yeux qui pleurent. P : Reste en contact avec ça et laisse-les faire. J : Je vois tout noir. P : Très bien, qu'est-ce qui se passe dans ton corps ? Qu'est-ce que tu sens ? J : Ça diminue. P : Qu'est-ce que tu sens encore ? J : Le front qui s'ouvre un peu. Une sensation de chaleur. P : Où ça ? J : Ici, le bas de mon visage. Plus de noir. P : Qu'est-ce qu'il te reste comme sensation ? J : Encore un peu de la chaleur, mais ça va.	

P : Ok, ça a l'air d'aller. Tu peux revenir ici avec moi.	**Atterrissage**
Alors, ça va ? Tu veux un verre d'eau ?	Etat séparateur
Alors, je te demande maintenant de refermer les yeux maintenant, et de retourner ce jour-là, la dernière fois que tu es allé à l'hôpital, et de me dire qu'est-ce qui se passe maintenant dans ton corps quand tu penses à cette situation. Tu revis cette situation.	**Relancement**
J : J'ai encore la gorge un petit peu serrée.	
P : La gorge serrée.	
J : Les yeux qui bougent tout seuls.	
P : Ok les yeux qui bougent. Autre chose ?	
J : Il n'y a plus les palpitations dans le cœur.	
P : Pas ce qui ne se passe pas, mais ce qui se passe là dans ton corps.	
J : Le front est très serré.	
P : Ok tu laisses évoluer, tu restes en contact avec ce qui se passe, dans ta gorge et dans ton front et tu laisses faire.	**Vol** Laisser de côté la situation de lancement
J : La gorge, c'est parti. Le front serre, ça tire.	
P : Tu laisses faire, tu te laisses embarquer dedans. Est-ce que ça fait peur ?	
J : Non. Non, je n'ai pas peur, juste la sensation dans le front qui me tire.	
P : Reste en contact avec et laisse évoluer. Regarde s'il se passe autre chose dans ton corps et laisse évoluer aussi.	
J : Il y a de la détente ...	
P : Reste en contact jusqu'à ce que tu sentes	

que c'est redevenu normal.	
J : C'est OK.	**Atterrissage**
P : Tout va bien ? Dis-moi, c'est quoi encore le nom de ta boîte ?	Etat séparateur
P : On recommence. Ferme les yeux, tu retournes comme si tu allais revivre ce moment à l'hôpital. Et tu me dis ce qui se passe dans ton corps.	**Relancement**
J : Rien.	**Atterrissage**
P : OK, super ! Qu'est-ce qui a changé dans l'image ?	**Vérification**
J : J'ai le sourire, je me sens bien.	
P : Dans l'image ? Alors, le scénario a changé ?	
J : Non, le scénario est pareil.	
P : Qu'est-ce qui a changé dans l'image alors ? Est-ce que c'est plus près, plus loin, plus net, plus flou ?	
J : Elle est plus nette.	
P : Parfait, pour moi c'est bon. Félicitations !	
J : J'ai du mal à y croire !	
P : Alors, je te propose d'aller faire un tour à l'hôpital cet après-midi ou ce soir. Il n'y a que la vraie vie qui te montrera que le nettoyage a été efficace.	Proposition de mise en situation
J : Je ne sais pas trop, ça ne m'enchante pas vraiment, mais OK, pourquoi pas, je vais jouer le jeu jusqu'au bout ...	

PS : le lendemain Jean a envoyé un mail au praticien pour lui raconter qu'il était effectivement allé se promener à l'hôpital et qu'il en avait même éprouvé du plaisir. Le soir même sa femme regardait un accouchement à la télévision et il a regardé avec elle, chose impossible jusqu'alors. Et un de ses enfants s'étant blessé, c'était lui qui avait nettoyé la blessure et mis le pansement, chose également inimaginable jusqu'alors ...	

Intégration et synergie avec d'autres outils thérapeutiques

Les autres thérapies pour NERTI

NERTI peut bénéficier de l'effet bénéfique et parfois accélérateur de certaines modifications d'état de conscience, comme l'état sophro-liminal, la transe hypnotique légère, l'état alpha, l'état méditatif, la relaxation et tous les états dans lesquels l'activation parasympathique du système nerveux prédomine. Les états modifiés de conscience peuvent accélérer le nettoyage de la charge émotionnelle.

NERTI pour les autres thérapies

NERTI est également très facile à intégrer dans la plupart des thérapies, et ce en deux temps.

Premier temps : avant de commencer une thérapie

En libérant les hyperréactivités, NERTI facilite les modifications de pensées, de croyances et de comportements.

Après une ou quelques séances de NERTI, le sujet peut appréhender la réalité non plus en réaction à la charge émotionnelle traumatique qui le perturbait jusque-là, mais en fonction des paramètres réels de sa réalité présente. Il n'y aura ainsi plus de freins à l'adoption de nouvelles croyances, de nouvelles pensées et de nouveaux comportements plus sains.

Deuxième temps : au cours de la thérapie

Dans le cadre d'une thérapie, quelle qu'elle soit, il est fréquent que le sujet soit envahi par une émotion qui le déstabilise. Il est alors intéressant de profiter de cette émotion pour lancer une séance de NERTI « à chaud », pour nettoyer la charge émotionnelle qui aura provoqué l'émotion. NERTI peut ainsi apporter toute sa puissance de nettoyage et d'apaisement émotionnel à chaque fois qu'un sujet est confronté à une émotion perturbante. Le travail thérapeutique peut continuer ensuite, enrichi de tous les effets thérapeutiques que le nettoyage émotionnel aura engendrés.

Renforcer la structure

Notre corps empêche le nettoyage émotionnel s'il n'est pas en capacité de le supporter ou si cela risque d'être trop déstabilisant pour nous. Autrement dit, parfois notre structure émotionnelle s'estime trop faible pour pouvoir supporter le revécu de la mémoire traumatique et bloque alors le bon déroulement de la technique.

Nous pouvons comparer notre structure aux murs d'une maison et voir notre hyperréactivité comme une fenêtre cassée que nous voulons remplacer / réparer. NERTI, le nettoyage, va combler les brèches et boucher les trous de la fenêtre.

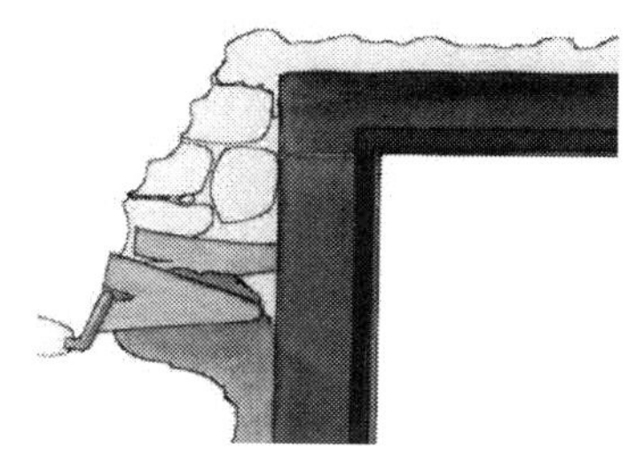

Par contre, parfois la pierre au dessus de la fenêtre risque de s'écrouler quand nous voulons changer la fenêtre. Pour pouvoir changer la fenêtre quand-même, il nous faudra d'abord renforcer cette pierre, la soutenir, bref, renforcer la structure. Renforcer notre structure correspond alors à consolider les murs, renforcer la toiture et l'isolation de la maison, pour qu'ensuite nous puissions réparer tranquillement la fenêtre cassée.

La protection se manifeste

- soit en refusant de trouver une situation représentative précise
- soit en bloquant le revécu avant le verrou.

La structure refuse une situation représentative précise

Quand la structure de la personne refuse de trouver une situation représentative, la personne ne sait pas ou reste très générale quand nous lui demandons une situation représentative de son hyperréactivité. Elle dit par exemple que cela lui arrive tous les jours, que c'est sans arrêt. Quand nous demandons à quel moment précis par exemple, elle dit qu'elle ne sait pas, qu'il y a plein de fois où c'est arrivé, qu'il n'y a rien de précis qui vient. A ce moment-là, surtout ne forcez pas pour trouver une situation précise, la structure est simplement en train de se protéger. Même si vous forcez, vous ne parviendrez pas à faire une séance NERTI efficace. Vous risquez au contraire de faire souffrir inutilement le sujet et en plus qu'il mette en cause l'efficacité de NERTI. Après renforcement de la structure, une situation précise apparaîtra spontanément.

La structure bloque le revécu avant le verrou

Quand notre structure bloque le revécu avant le verrou, nous ressentons les mêmes sensations à chaque relance, ou bien les sensations tournent en boucle. Cette situation se présente la plupart du temps quand on force la définition de la situation représentative dans la phase de prélancement. Il est inutile de continuer à pratiquer NERTI. Il faut d'abord renforcer la structure jusqu'à ce qu'elle se sente suffisamment puissante pour supporter le nettoyage émotionnel.

Quand la charge traumatique est trop importante par rapport au niveau énergétique du corps, vous pouvez recourir à des techniques de renforcement de la structure comme par exemple la sophrologie, la cohérence cardiaque, le yoga, le tai-chi, la méditation, les massages, etc.

Il peut arriver qu'en renforçant par une technique comme la sophrologie, les traces somatiques, traumatiques se nettoient naturellement et écologiquement parce que le processus de NERTI se déroule spontanément.

Quelques exercices de renforcement de la structure

Si vous avez du mal à vous connecter à votre corps et à vos sensations, ou si votre structure vous protège parce qu'elle considère ne pas être en capacité de supporter le nettoyage émotionnel, nous vous proposons quelques exercices simples qui peuvent vous faciliter la pratique de NERTI.
Quand vous accompagnez quelqu'un, vous pouvez également lui proposer ces exercices.

La capacité à lâcher prise est très importante pour la réussite de NERTI. Plus le lâcher-prise est de qualité, plus le nettoyage émotionnel est rapide, facile et efficace.

Exercice 1 : Respiration lente – antistress naturel

Le stress a tendance à accélérer notre respiration et à la rendre plus courte. Nous pouvons faire exactement l'inverse pour nous déstresser.

La respiration est l'une des seules fonctions du corps qui est à la fois automatique et contrôlable. La plupart du temps nous respirons sans y prêter la moindre attention et notre respiration s'adapte en permanence aux besoins en oxygène de notre corps de manière automatique. Notre respiration est liée à notre système nerveux autonome, et elle suit ses ordres pour se réguler. Si par contre, quelqu'un nous demande de prendre une grande respiration, nous pouvons très facilement le faire parce que notre respiration est également liée au système nerveux volontaire.

En modifiant la respiration, nous pilotons notre système nerveux autonome. Autrement dit, en prenant le contrôle de notre respiration, nous prenons le contrôle de notre système nerveux autonome. En ralentissant notre respiration, nous activons la partie parasympathique de notre système nerveux, c'est la partie qui ralentit le cœur et relâche les muscles.

On y va

Respirez le plus lentement et le plus profondément possible. Comptez (par exemple jusqu'à 3) en inspirant, puis la même chose en soufflant. Si vous êtes suffisamment à l'aise vous pouvez allonger le temps de respiration.

Pratiquez la respiration lente pendant 3 à 5 minutes pour que la diminution de stress soit plus durable. Si vous voulez que votre corps prenne l'habitude d'être moins stressé, répétez cet exercice au moins 3 fois par jour. Dès les premières respirations, vous sentirez un changement important de votre stress.

***Attention les fumeurs** !*

Aucun composant de la fumée n'a de vertu calmante. Elle est seulement composée de toxiques et d'excitants. La seule chose qui soit véritablement calmante dans l'acte de fumer est la mécanique respiratoire de l'inspiration et de l'expiration lente.

Exercice 2 : Respiration abdominale

Commencez par observer votre respiration. Est-ce qu'elle est plutôt basse, au niveau du ventre, ou haute, au niveau de la poitrine ? Pour faciliter la prise de conscience de la hauteur de votre respiration, posez une main sur votre poitrine et une main sur votre ventre. Pour cet exercice vous allez respirer par le ventre.

On y va

Soufflez en rentrant le ventre.
Appuyez la main qui est sur le ventre comme pour pousser votre ventre vers l'intérieur, pour optimiser cet exercice.
Puis inspirez en gonflant le ventre. La perception est plus facile si vous exercez une résistance avec votre main tout en gonflant votre ventre contre la main.
Puis recommencez à chaque respiration, soufflez en rentrant le ventre, inspirez en le gonflant.

De nombreuses personnes font l'inverse à cause d'une mauvaise éducation physique. Si c'est votre cas, pas de souci, l'entrainement vous permettra de rééduquer votre respiration et de profiter de son impact antistress.
S'il vous est difficile au début d'arriver à faire cette respiration assis, commencez à la pratiquer debout. Physiologiquement c'est plus facile. Si vous n'y arrivez pas non plus debout, exercez-vous 1 ou 2 fois allongé puis de nouveau debout.

Exercice 3 : La toilette du samouraï

La toilette du samouraï est un exercice antistress de sophrologie. L'exercice consiste en trois parties :

- le réveil musculaire
- le savonnage
- le rinçage

Pour la toilette du samouraï, nous vous proposons de fermer les yeux, de prendre conscience de l'endroit où vous êtes, dans la pièce où vous êtes, des personnes qui sont là autour de vous. Prenez conscience de votre respiration, observez les bruits autour de vous, le tic tac de l'horloge par exemple, prenez conscience de la lumière qui traverse vos paupières, prenez conscience des sensations dans votre corps ...

Premier temps de la toilette du Samouraï, le réveil musculaire

Commencez à tapoter sur votre tête avec vos doigts, vos mains, pour réveiller toute la peau de votre crâne. Essayez de vraiment explorer toute la peau du crâne le plus largement possible, derrière, de côté, devant ...
Puis tranquillement venez sur la peau de votre visage et sentez toute la peau du visage, avec douceur et délicatesse.
Vous tapotez sur les côtés, les oreilles puis descendez sur la nuque. Là, vous pouvez y aller un peu plus fort, sur le cou par contre vous tapotez avec un peu plus de délicatesse.
Puis descendez sur les épaules en croisant les bras. Vous pouvez y aller un peu plus fort, pareil sur les bras, les avant-bras, tapotez bien pour réveiller les muscles, tapotez sur vos mains et le dos de vos mains.
Puis après, vous arrivez sur la poitrine, sur le ventre, le bas de dos, les reins, ce que vous pouvez réveiller dans votre dos. Il faut

toujours que ce soit agréable.
Vous descendez sur les fessiers, vous pouvez y aller, c'est du solide. Descendez sur vos cuisses, assez fortement, puis aux genoux, aux mollets, aux chevilles, à vos pieds si vous y arrivez.
Et puis, vous vous arrêtez, vous revenez en position debout toujours avec les yeux fermés, prenez maintenant quelques instants de pause ... Observez les sensations dans votre corps, regardez la différence, ici et maintenant suite à cet exercice....

Vous remarquez que votre cœur et vos poumons se sont accélérés du fait de l'effort et que le fait d'être un peu plus tranquille permet un retour au calme automatique de votre physiologie.
Vous commencez à vous rendre compte de ce qui ce passe à l'intérieur de vous, peut-être une augmentation de votre température, différentes sensations ...

Le deuxième temps de la toilette du Samouraï, le temps du savonnage

Commencez à masser, savonner votre tête, et frottez toute la tête, vraiment toute la tête, toute la partie chevelue, comme si vous vous faisiez un shampooing.
Puis vous arrivez sur votre visage, comme si vous vous savonniez le visage.
Descendez au niveau du cou, de la nuque, et savonnez bien les épaules, les bras.
Savonnez-vous jusqu'au bout des doigts, bien fort, puis la poitrine, le ventre. Savonnez bien comme il faut, le bas du dos, le bassin, les fesses, les cuisses, les genoux, les mollets, jusqu'aux chevilles et vos pieds. Et quand vous avez terminé, vous pouvez arrêter, vous relever et venir à l'écoute de votre corps.
Soufflez pour prendre quelques instants de pause d'intégration, et

accueillez toutes les sensations dans votre corps ici et maintenant, sentez la différence, percevez la réalité de ce qui est en train de se vivre à l'intérieur de vous, accueillez tout ce qui se produit dans votre corps.

Le troisième temps de la toilette du Samouraï, le temps du rinçage

Rincez-vous avec de mouvements amples qui partent du sommet de la tête et qui vont le plus loin possible. Faites cet exercice de rinçage avec de la douceur, de la délicatesse, de la gentillesse pour vous-même.
Faites des grands mouvements enveloppants partant du sommet de la tête et jusqu'au bout de vos mains. Jusqu'au bout des pieds, des grands mouvements bien enveloppants aussi bien à l'avant qu'à l'arrière, jusqu'au bout des orteils. Doux, agréable, tout votre corps, rincez bien tout votre corps, et profitez bien de ce massage. Voilà, doucement, sentez le bien-être que cela vous fait.
Rincez vraiment tout votre corps et quand vous avez terminé, prenez quelques instants de pause et accueillez vos sensations.
Observez à nouveau la différence, observez ce qui se joue à l'intérieur de vous. Accueillez toutes les sensations dans votre corps, et voyez ce que cet exercice produit comme sensations en vous, ici et maintenant.
Puis inspirez très profondément par la poitrine, commencez à bouger doucement vos mains, vos pieds. Commencez à étirer ce qui a besoin d'être étiré, frottez ce que vous avez besoin de frotter pour remonter votre niveau de vigilance. Et quand vous le sentez, laissez vos yeux s'ouvrir.

Exercice 4 : La respiration en carré

Cet exercice consiste à arrêter de respirer pendant quelques secondes entre chaque mouvement respiratoire. Attention, il ne s'agit pas de bloquer votre respiration, il s'agit juste de la suspendre. Faites quelques respirations et vous remarquerez son puissant effet antistress. Il est souvent plus efficace de faire cet exercice les yeux fermés, pour mieux en ressentir les effets dans votre corps.

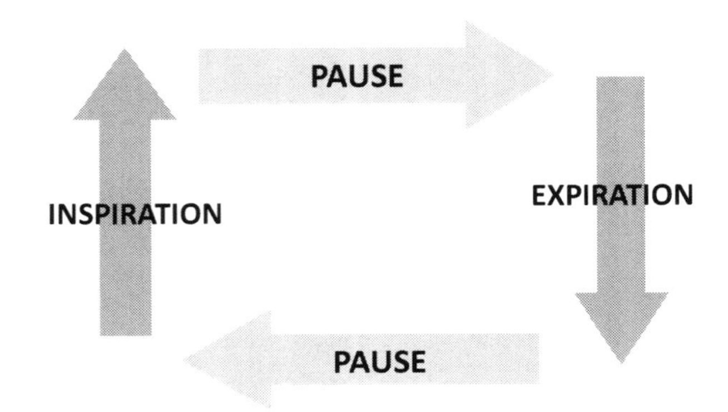

Commencez par bien observez votre respiration.
Et doucement commencez à prendre le contrôle sur votre respiration en gardant à peu près le même rythme inspiratoire et expiratoire.

Expirez, arrêtez de souffler et puis, sans bloquer votre gorge, attendez quelques secondes avant d'inspirer à nouveau.
Ensuite faites une pause, sans bloquer votre gorge, avant d'expirer à nouveau.

Continuez à votre rythme et en même temps que vous le faites, observez bien ce que cela modifie en vous, à l'intérieure de vous, quels effets vous percevez. Pensez à bien faire une pause en suspension à la fin de l'inspiration et ensuite quand vous le sentez vous laissez retomber le souffle en lâchant prise. Une pause à la fin de l'expire, avant d'inspirer de nouveau. Différenciez bien chaque étape et marquez les pauses de façon nette, en pensant à bien faire attention à ce que ça ne soit pas un blocage respiratoire dans la pause. Et quand vous changez le sens de la respiration, cela doit être complètement fluide et disponible et vous pouvez vous laisser emporter dans ce que cela produit dans votre corps, dans votre vigilance peut-être.

Vous pouvez maintenant laisser votre respiration revenir à son rythme naturel et observez comment le rythme naturel a peut-être été modifié ou peut-être que votre respiration à adopté une pause automatique naturelle. Observez simplement ce qu'il se passe et puis vous pouvez inspirer un peu plus profondément, notamment par la poitrine pour augmenter votre niveau de vigilance. Recommencez à bouger doucement vos mains, vos bras, frottez ce qu'il y a besoin de frotter et revenez ici et maintenant.

Exercice 5 : Se relaxer

Les exercices de sophrologie qui suivent vous mettront dans un état particulier de relaxation situé entre la veille normale et le sommeil. En sophrologie cet état s'appelle l'état sophro-liminal.
Le fait de « vouloir » se relaxer empêche physiologiquement les personnes qui ne sont pas suffisamment entrainées à se relaxer. Ne cherchez pas à vous relaxer, cherchez simplement à suivre nos instructions. Nous vous conseillons de pratiquer assis sur votre chaise ou debout et non pas couché.
Etre conscient de l'impact des exercices amplifiera l'impact et le capitalisera.

On y va

Commencez à faire mentalement un parcours corporel.

Les yeux fermés, portez votre attention sur votre cuir chevelu, et cherchez à le ressentir quelques secondes.
Puis faites la même chose sur votre visage, vos oreilles, puis votre cou, puis vos épaules et ainsi de suite jusqu'au bout de vos doigts.
Cherchez ensuite à ressentir le reste du corps en partant des épaules jusqu'au bout des pieds. Prenez bien votre temps pour percevoir chacune des parties de votre corps.
Enfin, ressentez en une seule fois l'intégralité de votre corps.
Vous pouvez profiter quelques minutes de cet état en observant les sensations particulières et souvent agréables de cet état.

Puis pour reprendre votre vie normale, commencez par inspirer profondément par la poitrine. Commencez à bouger progressivement vos mains, vos pieds, vos bras et vos jambes.
Etirez-vous, frictionnez-vous pour reprendre du tonus, puis ouvrez les yeux sur le monde comme si vous le découvriez pour la première fois.

Dégager le négatif

Apprenons à nous libérer des choses négatives qui nous stressent ! Souvent, notre cerveau est occupé, voire perturbé, par des souvenirs stressants ou par un avenir qui nous angoisse. Ces pensées négatives qui tournent en boucle dans notre cerveau rajoutent plus ou moins inconsciemment à notre stress journalier.

Cet exercice permettra de libérer notre corps et notre mental du poids de ces ruminations stériles.

On y va

Prenez une grande inspiration puis bloquez la respiration.
En bloquant la respiration, contractez vos bras et imaginez que toutes les choses négatives viennent se concentrer dans cette contraction pendant quelques secondes.
Puis soufflez fortement en relâchant tout le corps en imaginant que cela envoie au loin tout le négatif qui s'était rassemblé dans la contraction.
Enfin, prenez quelques instants pour savourer la différence et le bien-être qui suit cet exercice.
Répétez l'exercice au moins trois fois, ou bien vous pouvez le répéter jusqu'à ce que vous vous sentiez suffisamment bien pour reprendre une activité normale.

Inspirer du positif

Avec cet exercice nous allons apprendre à installer en nous une ressource positive.

On y va

Laissez venir ou choisissez une couleur ou une lumière positive, agréable qui vous fait du bien.
Imaginez à chacune de vos inspirations que vous remplissez vos poumons de cette couleur ou lumière bienfaisante.
Puis imaginez avec chaque expiration que vous laissez cette couleur ou lumière agréable se diffuser dans votre corps.
Continuez ainsi en profitant au maximum des bienfaits, des sensations agréables produites par l'impact de cette lumière, de cette couleur bénéfique.
Si c'est plus facile pour vous, vous pouvez remplacer la couleur par un son, une odeur, une sensation physique ou une saveur.

Séance complète

Pour ressentir la synergie des effets antistress cumulatifs enchainez les 3 derniers exercices : se relaxer, se débarrasser du stress négatif et inspirer du positif.

On y va

Fermez les yeux là où vous êtes. Commencez à modifier votre respiration en respirant très lentement et avec une grande amplitude, avec le ventre et en suspendant votre respiration entre chaque mouvement respiratoire. Après quelques dizaines de secondes de cette respiration, parcourez mentalement votre corps depuis le sommet du crane jusqu'au bout des doigts et jusqu'au bout des orteils.

Ensuite libérez-vous du stress négatif qui vous pollue. Commencez par inspirer profondément, puis bloquez la respiration en contractant tout votre corps et en imaginant que tout ce qui est négatif vient dans la contraction. Soufflez puissamment en relâchant tout le corps et en imaginant que toutes les pensées et sentiments négatifs disparaissent avec la contraction.

Prenez quelques secondes pour profiter de la différence avant de le répéter une deuxième puis une troisième fois.

Enfin, emplissez-vous de positif en imaginant une couleur ou une lumière (ou son, odeur, sensation ou saveur) que vous aimez bien. Imaginez-vous inspirer ce positif dans vos poumons à chaque inspiration. Laissez ce positif se diffuser dans votre corps à chaque expiration et savourez-en les bienfaits.

Prenez quelques instants pour observer vos impressions en profitant du bienfait de la séance.

Quelques témoignages

Claire (48) : « Depuis notre séance de vendredi, je suis vraiment très fatiguée, mais ... je me suis réveillée ce matin sans angoisses du tout. Ça faisait très longtemps que ça ne m'était pas arrivé. »

Paul (32) : « Je n'osais pas du tout contacter des prospects pour leur proposer mes services. Il a fallu une seule séance NERTI pour me débarrasser de cette peur et depuis je prends même plaisir à prendre le téléphone pour contacter d'éventuels nouveaux clients. C'est le bonheur !»

Edith (29) : « J'avais une peur bleue du noir. La nuit je dormais toujours avec une petite lumière allumée et rentrer dans la cave était un cauchemar. Tout ça est derrière moi maintenant ! Après la séance je suis rentrée dans la cave et à mon grand soulagement, à part une très légère impression de m'enfoncer dans le sol qui n'a pas duré, je me suis sentie calme. Super !! Je peux maintenant également dormir sans laisser la lumière allumée, au grand plaisir de mon ami :-) »

Antoinette (37) : « Impressionnant ! J'avais le vertige et paniquais très fort quand je devais m'approcher d'une hauteur, un balcon, ou faire une randonnée avec un dénivelé. Vraiment pas pratique avec des petits enfants vous imaginez ! Une séance de NERTI a suffi pour me débarrasser du vertige dont j'ai souffert pendant des années et des années. Le mois dernier j'ai même fait de l'accro-branche avec mes enfants, je vous assure, je n'étais pas la seule à être étonnée de me voir dans les arbres à une dizaine de mètres au dessus du sol ! »

Thomas (52) : « Avant j'avais de fortes montées d'angoisses et des malaises. Pendant la séance de NERTI j'ai vraiment senti que le processus de nettoyage se lançait et à un moment j'ai totalement perdu le contrôle et je me suis laissé faire. J'ai fini par atterrir et je me suis senti calme et reposé. Maintenant, ça fait presque six mois et je n'ai plus jamais eu de montée d'angoisse, je suis simplement plus tranquille. Je m'impose beaucoup plus facilement et j'accepte des invitations sans hésiter ni stresser. C'est phénoménal ! »

Béatrice (39) : « J'avais une forte tendance à déprimer, me sentir seule, mélancolique, ... Impressionnant, pendant la séance NERTI je me suis sentie aspirée par la tête, très fortement, et puis d'un coup j'ai eu une grosse boule dans la gorge et envie de pleurer. Petit à petit la sensation est partie et je me suis sentie reposée et joyeuse après. Je suis beaucoup plus joyeuse maintenant, plus légère et je n'ai plus jamais éprouvé la sensation d'être seule pour longtemps (ça fait maintenant plus d'un an que j'ai fait la séance). Les choses sont plus claires et simples en général. Je revis ! »

Jean-Louis (25) : « Il est clair que sans NERTI, aujourd'hui je serais encore en train de me cacher du monde dans ma maison, à redouter le moindre coup de téléphone ou l'arrivée à l'improviste de quelqu'un. J'ai énormément souffert depuis le lycée d'une anxiété sociale qui m'a littéralement pourri la vie, et j'ai pratiquement tout essayé pour aller mieux, sans succès. Parfois ça allait mieux pendant quelques jours, puis ça diminuait à nouveau jusqu'à revenir à la « normale ». A un moment donné, j'ai même envisagé le suicide, tellement chaque jour et chaque interaction sociale était difficile pour moi. Même aller acheter du pain m'angoissait et me faisait perdre tout mon énergie. J'ai pu désactiver cette angoisse grâce à NERTI et depuis maintenant 7 mois, la vie est devenue beaucoup plus douce, tellement que j'ai du mal à comprendre comment j'ai vécu ces 6 dernières années...

Je m'étonne jour après jour de vivre tranquillement des situations qui m'auraient autrefois rendu complètement paniqué, et même parfois j'ai encore peur d'avoir peur, à cause de mon mental qui s'est complètement formé autour de cette ancienne anxiété pendant toutes ces années. Mais je sais maintenant que c'est fini pour de bon, je vis ma vie maintenant de façon épanouie, je redécouvre ... c'est génial ! Parfois, quand je suis dans une situation qui était avant la plus anxiogène pour moi, je peux avoir le cerveau qui tourne à 200 à l'heure et qui attend d'avoir peur, mais mon corps ne réagit simplement plus et je glisse à travers facilement. Merci à NERTI !! »

Isabelle (47) : « J'avais un trac impressionnant de m'exprimer en public. Tellement que j'ai décliné plusieurs fois des promotions au travail. Je m'angoissais à l'idée de devoir parler en public, devant un groupe, ne serait-ce que devant un groupe de collègues. Mais j'ai fait une séance de NERTI en septembre, et depuis je me sens bien et je m'adresse facilement à un groupe de gens si l'occasion se présente. Du coup, j'ai pu accepter une promotion au travail et je me régale à faire ce travail beaucoup plus intéressant ... parfois je râle un peu de ne pas avoir découvert NERTI bien avant, ça m'aurait bien épargné des années de galères et de frustrations ! »

Bibliographie pour aller plus loin

- BEAULIEU Danie, L'intégration par les mouvements oculaires, Le souffle d'or (2005)
- BERNE Eric, *Que dites-vous après avoir dit Bonjour ?*, Editions Tchou (2012)
- BOSCH Ingeborg, *Guérir les traces du passé*, Editions de l'homme (2005)
- DAVROU Yves, *La sophrologie facile*, Editions Marabout (1986)
- FONE Helena, *L'EFT pour les nuls*, First Editions (2011)
- GEIGER Luc, *Les 7 secrets antistress instantanés et gratuits*, (version Kindle) Lulu.com / Amazon (2012)
- NICON Luc, *Comprendre ses émotions*, Emotion forte (2003)
- NICON Luc, *TIPI, Technique d'identification sensorielle des peurs inconscientes*, Emotion forte (2007)
- NICON Luc, *Revivre sensoriellement*, Emotion forte (2013)
- HART William, *L'art de vivre*, Seuil – Collection Point Sagesse (1997)
- KABAT-ZINN Jon, *Où tu vas, tu es*, J'ai lu – Collection Aventure secrète (1996)
- KABAT-ZINN Jon, *Méditer*, Editions des Arènes (2010)
- O'HARE David, *Cohérence cardiaque 365*, Thierry Souccas Editions (2012)
- PECOLLO Jean-Yves, La sophrologie au quotidien, J'ai lu – collection Bien-être (1994)
- SAINT PAUL, BLANCHARD, DUCREUX, GIROD, *Comprendre et pratiquer la PNL*, InterEditions (2010)

NERTI on line

Vous pouvez trouver NERTI en ligne, sur NERTI.fr.
En vous inscrivant, vous pouvez recevoir, gratuitement, une série de 4 vidéos dans lesquelles Luc GEIGER vous explique NERTI en direct, vous pouvez y voir quelques témoignages, et il y a la possibilité de s'inscrire pour être formé en ligne.

La révolution NERTI
Le nettoyage émotionnel pour tous

Les auteurs

Luc GEIGER

Concepteur de la méthode NERTI. Formé en PNL, sophrologie, hypnose Ericksonienne, EFT, coaching, CNV et cohérence cardiaque. Luc GEIGER est formateur en sophrologie et a son cabinet de sophrologie et de psychothérapie à LUNEL. Il est le père du blog « Mister No Stress ». Il adore voir les gens qu'il accompagne se sentir mieux et prendre leur vie en main.

Ienke KEIJZER

Neuro Psycho Praticienne. Formée en PNL, hypnose Ericksonienne, DNR (deep neural repatterning), EFT et NERTI. Ienke KEIJZER est convaincue que la vie est belle et que ce doit être donné à tout le monde de vivre sa vie de la façon la plus épanouie possible.

Vos notes

Vos notes

Imprimé en France
FROC010945240720
24625FR00010B/190

9 782954 916408